Le changement climatique expliqué à ma fille

Du même auteur

L'Effet de serre
Allons-nous changer le climat ?
(en collaboration avec Hervé Le Treut)
Flammarion, « Champs », 2001
et « Dominos », 2004

L'Avenir climatique
Quel temps ferons-nous ?
Seuil, « Science ouverte », 2002
et « Points sciences », nº 163, 2005

Le plein s'il vous plaît !
La solution au problème de l'énergie
Seuil, 2006
et « Points sciences », nº 174, 2007

C'est maintenant !
3 ans pour sauver le monde
Seuil, 2009
et « Points sciences », nº 193, 2010

Changer le monde : tout un programme !
Calmann-Lévy, 2011

Transition énergétique pour tous
Ce que les politiques n'osent pas vous dire
Odile Jacob, 2013

Dormez tranquilles jusqu'en 2100
et autres malentendus sur le climat et l'énergie
Odile Jacob, 2015

Jean-Marc Jancovici

Le changement climatique expliqué à ma fille

Nouvelle édition augmentée

Éditions du Seuil

ISBN 978-2-02-136574-0
ISBN 1re publication : 978-2-02-096597-2

www.seuil.com

Le climat change

– Tout le monde dit que le climat est en train de changer. C'est vrai ou c'est faux ?

– C'est vrai ! Mais avant d'entrer dans le détail, je vais avoir besoin de répondre à une autre question : tu connais la différence entre météo et climat, bien qu'il soit question de températures et de pluie dans les deux cas de figure ?

– Heu, je ne suis pas sûre…

– Et tu n'es pas la seule : beaucoup de gens confondent les deux, et croient que le climat a changé – ou, au contraire, disent qu'il ne change pas – sur la base de ce qui s'est passé un jour donné. C'est pourtant fondamental de bien comprendre la différence. La météo, que tu entends tous les jours à la radio, s'intéresse au « temps qu'il fait » aujourd'hui ou demain, et ça change sans cesse. Le climat, lui, se définit avec des moyennes sur des régions plus vastes (un pays, un continent, ou même la Terre entière) et des durées plus longues (des mois, des années, des siècles, des millénaires parfois). Cela peut paraître curieux, mais ces moyennes donnent une bien meilleure idée de ce qui se passe que les conditions d'un jour donné – par exemple, le 6 septembre à l'île d'Ouessant ou dans la forêt des Ardennes.

Ta classe de collège a aussi une moyenne. La raison en est la même : cette moyenne représente au mieux ce qui se passe dans ta classe pour tous les élèves, parce qu'elle varie toujours beaucoup plus doucement que la note d'un élève en particulier. Si ta note varie de 5 points, cela ne change pas grand-chose au niveau « moyen » de la classe. En revanche, si la note moyenne de la classe varie de 5 points, cela représente quelque chose de beaucoup plus important.

– Ce sont donc les variations de la moyenne qui comptent, pour les élèves comme pour la température ?

– Oui, c'est exactement cela. On ne peut pas tirer de conclusions des variations d'un jour sur l'autre. Ce qui compte pour le climat, c'est de savoir comment évoluent les moyennes – de la température, de la pluie, du vent ou de la neige – sur plusieurs décennies, disons au moins trente ans, et parfois beaucoup plus longtemps, 20 000 ou 10 000 ans !

De même, une température moyenne qui monte signifie que la température de nombreux jours ou nuits va augmenter. Et ce que nous constatons depuis bien avant ta naissance – en gros, les années 1970 –, c'est que la température « moyenne » de la planète s'élève bien plus vite que s'il n'y avait pas d'hommes sur terre.

– *Et une moyenne qui varie beaucoup, c'est combien de degrés de différence ?*

– Comme tout le monde confond une moyenne avec ce qui se passe devant sa porte, tu vas être étonnée de la réponse. Entre l'été et l'hiver à Paris, la température varie facilement de 25 à 30 °C. Mais pour la planète, un « grand changement », ce n'est pas 30 °C de variation en six mois, mais plutôt… 5 °C en 10 000 ans. Ainsi, le réchauffement que la planète a connu en passant de la dernière ère glaciaire à « aujourd'hui », c'est juste 5 °C en plus ! Mais cela a suffi pour que la France, qui ressemblait il y a 20 000 ans au nord de la Sibérie actuelle, ressemble à ce que nous connaissons ; cela a suffi à faire monter le niveau de l'océan de 120 mètres ; cela a suffi à augmenter de plusieurs dizaines de pourcents la quantité d'eau qui tombe en Europe ; cela a déplacé les forêts et les animaux, rendu cultivables des terres qui ne l'étaient pas et inversement… Bref, 5 °C, c'est énorme pour la planète, et 5 °C en un siècle serait une élévation d'une brutalité inouïe qui ne s'est jamais produite depuis que les hommes existent, et peut-être même depuis que la vie existe. J'ai bien peur qu'en pareil cas tout le monde se mette à se battre avec tout le monde, et bien avant la fin du siècle, mais nous y reviendrons.

– *Mais si c'est si grave, pourquoi les scientifiques ne sont-ils pas d'accord entre eux ?*

– Tous les scientifiques compétents sur ce sujet, sans exception, disent que notre espèce est en train de changer le climat, la seule question étant de savoir à quelle vitesse et quelles en seront les conséquences. Les personnes qui affirment le contraire lancent des propos en l'air pour se rendre intéressants, mais si tu regardes ce qu'ils ont fait comme travail scientifique pour prouver ce qu'ils disent, tu réalises qu'il n'y a rien. Simplement, les journalistes qui leur donnent la parole ne le savent pas, ou le savent mais cherchent autre chose que la vérité en diffusant leur point de vue, ou encore – et c'est le cas le plus fréquent – n'y comprennent tout simplement rien.

– Et les gens compétents, on peut expliquer qui ils sont et ce qu'ils font ? Tu en fais partie, toi ?

– Moi, je n'ai pas directement travaillé dans un laboratoire, et je me contente d'expliquer du mieux que je peux ce que font les très nombreux spécialistes qui mettent leurs forces en commun pour essayer de comprendre ce qui pourrait se passer. Ces scientifiques sont désignés par la presse sous le terme général – et impropre – de « climatologues », mais, en fait, il y a des astrophysiciens (qui s'intéressent à la quantité d'énergie que le Soleil nous envoie), des océanographes (l'océan joue un rôle majeur dans le système climatique), des volcanologues (qui étudient les volcans), des géophysiciens (qui s'intéressent à la façon dont bougent les continents), des chimistes, des biologistes, des hydrologues (qui travaillent sur les cours d'eau), des glaciologues (qui s'intéressent aux glaciers et aux pôles), et j'en passe ! Il y a de quoi remplir quelques stades de foot avec les chercheurs qui travaillent sur la question. Comme ces gens-là sont tous spécialistes d'un petit morceau du problème, mais pas de la vue d'ensemble, il a fallu organiser un lieu d'échange et de synthèse pour qu'ils puissent mettre leur travail en commun et, justement, parvenir à une vue d'ensemble. Cet organisme s'appelle le GIEC (Groupe d'experts intergouvernemental sur l'évolution du climat) et sa fonction n'est pas de faire de la recherche, mais de résumer ce que les chercheurs ont publié dans des revues scientifiques. Le dernier « résumé », publié en 2013, faisait… 2000 pages ! L'une des très nombreuses choses qu'on y lit, c'est que depuis 1850 l'homme a augmenté de plus de 40 % la quantité de CO_2 dans l'atmosphère, et, du coup, significativement augmenté l'effet de serre.

– C'est quoi, l'effet de serre ?

– Littéralement, c'est l'effet… d'une serre ! Une serre, comme tu le sais, a pour but de réchauffer la température, pour permettre à ce qui se trouve à l'intérieur de pousser plus vite, ou plus tôt en saisons. Ici, l'image de la serre n'est pas si fausse, à ceci près que la vitre au-dessus de nos têtes est gazeuse et non solide. Le Soleil envoie du rayonnement (la lumière) qui passe sans trop de problèmes à travers l'air. Une partie est réfléchie, en particulier par tout ce qui est clair vu de l'espace : neige, glace, déserts, champs de blé l'été… Le reste est absorbé par le sol, et le chauffe. Le sol émet du rayonnement, à son tour, pour se débarrasser de cette chaleur : des infrarouges, que l'œil ne voit pas, mais que l'on peut détecter avec des appareils appropriés. Ces infrarouges sont émis vers l'atmosphère, qui les laisse bien moins passer que la lumière visible, et en absorbe une grande partie avant qu'ils ne s'échappent dans l'espace. C'est cette absorption des infrarouges par l'atmosphère que l'on appelle « effet de serre », par analogie avec le verre d'une serre, qui est aussi largement opaque aux infrarouges. Cet effet retient l'énergie – la chaleur – près du sol, et plus l'effet de serre est important, plus le sol est chaud « en moyenne ». Si on pouvait enlever instantanément les gaz à effet de serre de l'atmosphère, la température moyenne de la planète perdrait une trentaine de degrés, pour arriver à – 18 °C. L'effet de serre n'existe pas que sur terre ! Par exemple, Vénus, l'« étoile du berger », qui est en fait une planète, a un effet de serre bien plus puissant que le nôtre. Son atmosphère est composée quasi exclusivement de CO_2 : il fait plus de 400 °C à sa surface, alors que la température moyenne de la Terre est d'environ 15 °C.

– Et nous pourrions arriver au même résultat ? Mais c'est affreux !

– Non, sur terre, il n'est pas question d'avoir une telle élévation de température. Pour passer à quelques dizaines de pourcents de CO_2 dans l'air, il faudrait déstocker tout le calcaire existant dans le sous-sol, et le chauffer très fort. Il y en a beaucoup trop pour cela, et en plus nous serions morts d'étouffement avant : il n'y aurait plus d'oxygène ! Mais quelques degrés d'élévation en un siècle signifieraient déjà une modification bien trop brutale de notre environnement pour que ta génération et celle de tes enfants et petits-enfants puissent gérer ce changement sans souffrance.

– *C'est l'homme qui a créé l'effet de serre ?*

– Non, bien sûr : sur terre, il existe depuis 4 milliards d'années. Du reste, l'effet de serre que nous avons « trouvé en entrant » est même essentiel : sans lui nous ne serions pas là, puisque, avec – 18 °C sur terre en moyenne, la vie n'aurait pas pu apparaître sous la forme que nous connaissons. Mais cet effet de serre, nous aurions bien fait de le laisser dans l'état où nous l'avons trouvé, justement. Car ce que nous faisons depuis deux siècles environ, c'est de l'intensifier, en ajoutant des gaz à effet de serre dans l'atmosphère, et le résultat ne va pas forcément nous plaire.

– *Ajouter des gaz dans l'atmosphère, c'est possible ? Ça ne va pas la faire gonfler ou déborder ?*

– Oh, ce sont de tout petits volumes, qui passent inaperçus vu la taille de l'atmosphère ! Car cet effet de serre, et c'est quelque chose de difficile à comprendre, est dû à des gaz qui se trouvent en toute petite quantité dans l'air. C'est là que le parallèle avec la vitre ne tient plus : alors que c'est le verre lui-même qui absorbe l'infrarouge, les gaz majoritaires dans l'air (azote, environ 80 %, et oxygène, environ 20 %) ne jouent aucun rôle dans cette affaire. L'effet de serre, c'est l'expression des minorités actives !

Il est dû tout d'abord à la vapeur d'eau (0,3 % de l'atmosphère en moyenne), puis au gaz carbonique (0,04 % de l'atmosphère), puis à des gaz qui sont présents dans des proportions encore plus faibles (méthane, 0,00018 %, protoxyde d'azote, 0,00003 %, et d'autres encore plus rares). Mais cette minorité est très efficace, un peu comme quelques gouttes de certains colorants, mises dans une eau très limpide, suffisent à la rendre presque opaque à la lumière. Ce que nous faisons depuis deux siècles, c'est d'ajouter dans l'atmosphère des petites gouttes d'« opacifiants » aux infrarouges : ça ne change rien au volume total de l'atmosphère, mais ça a fortement modifié son opacité, aux infrarouges en l'occurrence, qui ont encore plus de mal qu'avant à évacuer l'énergie de la surface vers l'espace.

Quand on augmente l'effet de serre, la surface terrestre se réchauffe donc encore plus (et l'air « loin du sol », à 15 ou 20 km d'altitude, se refroidit). Cela fait plus d'un siècle et demi que des scientifiques savent cela ! Mieux : c'est dès la fin du XIXe siècle qu'un savant suédois, qui a reçu le prix Nobel par ailleurs, a calculé qu'avec deux fois plus de CO_2 qu'en 1750, la température moyenne de la planète grimperait de 3 à 4 °C en un siècle. Et ces 3 à 4 °C auraient beaucoup – beaucoup trop – de conséquences.

– Mais si cet effet de serre a déjà tant augmenté, on devrait déjà tous rôtir, non ?

– Si nous regardons certains « accidents climatiques » des dernières années, ta crainte est hélas déjà justifiée pour partie. Ainsi, la Californie a connu en 2016 une sécheresse inédite depuis des siècles, avec des incendies ravageurs à la clé. Pareil au Canada, qui, depuis quelques années, enchaîne des records désagréables : températures positives près du pôle Nord le 1er janvier 2016 ; recul rapide de la banquise ; début de la fonte du Groenland ; incendies catastrophiques dans l'Alberta au mois de mai 2016 (inédit !), forêts décimées par des insectes qui profitent de la chaleur, etc. Dans le même esprit, une sécheresse et une canicule inédites ont divisé par presque deux la récolte de céréales en Russie en 2010. Pire : il est malheureusement possible de relier les émeutes qui ont eu lieu dans plusieurs pays du pourtour méditerranéen en 2011 (Égypte, Tunisie, Syrie) à l'assèchement de la région, déclenché par le réchauffement climatique, et qui prive les populations d'une partie de leur nourriture.

Mais, pour le moment, il ne s'agit pas encore d'une catastrophe généralisée, juste de premières manifestations des conséquences du supplément d'effet de serre.

– *Cela veut dire que nous n'avons encore rien vu ?*

– On peut dire que, malheureusement, l'essentiel est à venir. En effet, la Terre est très lente à réagir à ce supplément d'effet de serre, que nous augmentons lentement, mais qui perdurera ensuite pendant des siècles. Le CO_2 a hélas comme caractéristique de ne pas partir facilement de l'atmosphère une fois qu'on l'y a mis, car aucun processus ne l'en retire rapidement. Le climat va donc continuer de changer pendant plusieurs milliers d'années après que nous aurons provoqué cette augmentation de l'effet de serre. Et au fur et à mesure que nous constaterons des modifications dans ce qui nous entoure, il n'y aura alors aucune possibilité de remettre le système climatique dans la situation « d'avant ». Cela étant, si les médias parlent tant de ce qui se passe déjà, ce n'est pas parce que c'est maintenant que les conséquences sont les plus importantes. C'est juste qu'il n'est pas très facile de braquer une caméra de télévision sur ce qui se passera dans cinquante ans, alors que ce qui s'est passé hier donne facilement lieu à un reportage ! Mais le problème est d'abord ce que nous risquons pour plus tard, pas ce que nous voyons déjà.

– *Et ces gaz à effet de serre, pourquoi est-ce que nous en émettons autant ?*

– Avant, il y a deux siècles, les hommes étaient moins nombreux (nous sommes près de 7,5 milliards désormais, contre 1 milliard en 1800) et chacun d'entre nous – y compris les Brésiliens et les Indiens – utilise aujourd'hui beaucoup plus de produits industriels, qu'il faut fabriquer, ou qui ont besoin d'énergie pour fonctionner (chaudières, moyens de transport, appareils électriques…). Enfin, nous mangeons davantage de viande, et cela est aussi une grande source d'émissions.

– *La viande, une source d'émissions ?*

– Oui ! Pour obtenir 1 kilo de viande issue de l'élevage, il faut cultiver 4 à 50 kilos de végétaux. Cela signifie que, si nous préférons manger 1 kilo de viande plutôt que 1 kilo de nourriture végétale, il faut 4 à 50 fois plus de surface agricole (c'est le bœuf qui nécessite le plus de surface). Et si cette surface n'existe pas encore, parce qu'il n'y a pas assez de champs et de prairies, alors on coupe la forêt pour l'obtenir.

Quand tu manges du bœuf du Brésil (où les pâturages sont pris sur la forêt), ou un biscuit sec contenant de l'huile de palme (les plantations de palmiers à huile en Indonésie sont aussi prises sur la forêt), tu participes malgré toi à la disparition d'un orang-outang et au changement climatique.

– Tout se tient, quoi…

– Oui, le monde actuel est interconnecté, et on ne peut pas considérer que ce que font les uns n'a aucune conséquence sur ce que font les autres. La déforestation représente presque autant de CO_2 émis que l'ensemble des moyens de transport sur la Terre, donc c'est grave… sans parler de la perte de la biodiversité, mais c'est un autre problème.

– Et on ne peut pas empêcher les gens de couper la forêt ?

– Les pays tropicaux, où la population augmente rapidement, sont en train de vivre ce que l'Europe a vécu au cours du deuxième millénaire : pour nourrir des gens de plus en plus nombreux, il a fallu avoir de plus en plus de champs. Augmenter les surfaces cultivées supposait de couper la forêt, et ce processus s'est accéléré quand il a fallu du bois pour alimenter les premières forges. Entre l'an 1000 et l'an 1850, la forêt est ainsi passée de 80 % à 15 % de la superficie européenne. Au XXe siècle, d'autres continents nous ont imités : augmentation de la population et utilisation du bois pour l'énergie sont les deux causes majeures de déforestation.

Cette déforestation peut être encore plus importante quand la production agricole sert à l'exportation, comme c'est le cas au Brésil ou en Indonésie. Si nous voulons donc apporter une première petite pierre à l'arrêt de la déforestation, consommer moins de viande rouge est utile. Nous aurions même intérêt à payer les pays qui possèdent des forêts pour qu'ils ne les coupent pas, ou à leur donner nos excédents agricoles ! En effet, couper la forêt rapporte de l'argent (vente du bois, mise en culture) et, si on veut préserver les arbres, il faut que cela en rapporte autant aux populations locales. On ne peut pas demander aux gens de ne plus rien gagner pour nous faire plaisir ! Or nous avons intérêt à empêcher la déforestation dans ces pays-là, car plus elle augmente chez eux, plus le climat sera perturbé chez nous.

– *Et sinon, en coupant des forêts, d'où provient le CO_2 émis par les hommes ?*

– De l'utilisation du charbon (aujourd'hui très répandu pour produire de l'électricité, et pas seulement en Chine : par exemple, 50 % de l'électricité allemande est produite avec du charbon), du gaz (même s'il est « naturel » !) et du pétrole. Les émissions de CO_2 venant de ces combustibles – souvent appelés « combustibles fossiles » – ont été multipliées en gros par 20 entre 1900 et 2015. Si nous regardons les émissions par secteur, 26 % du CO_2 mondial vient des centrales électriques utilisant le charbon (et 10 % de celles qui utilisent du gaz et du pétrole), 8 % de la déforestation, 22 % des industries (la production des métaux, du plastique, du verre, du ciment et de la chimie de base en représente l'essentiel), 21 % des transports, 7 % du chauffage des bureaux et des logements, et le reste (6 %) de sources diverses (engins agricoles, incinération des déchets...). Ce CO_2 va créer un surplus dans l'atmosphère, et la quantité de ce gaz qui se trouve dans l'air a augmenté de 40 % depuis 1850.

– Et pourquoi le CO_2 que nous mettons dans l'air ne repart-il pas tout de suite ailleurs ?

– La raison pour laquelle « notre » CO_2 s'accumule dans l'atmosphère, c'est qu'il s'ajoute à celui que la nature y met déjà, ce qui fait trop. L'atmosphère, c'est un peu comme une baignoire avec toute une série de robinets pour la remplir et une bonde pour la vider. Les robinets, ce sont d'abord les émissions naturelles, qui proviennent de la décomposition de la matière morte et de la respiration des êtres vivants. Mais nous avons ouvert un robinet supplémentaire, avec la déforestation, et l'utilisation du pétrole, du gaz et du charbon. La bonde, c'est la photosynthèse des plantes terrestres, et une nouvelle qui s'est ajoutée avec nos émissions : la dissolution du CO_2 dans l'eau des océans. Aujourd'hui, sur deux litres de CO_2 que l'homme met dans l'atmosphère, un litre arrive à « profiter » des plantes et des océans pour partir rapidement, mais l'autre litre reste là… et s'accumule dans l'air. On comprend facilement qu'il faut diviser le plus vite possible les émissions mondiales de CO_2 par deux, simplement pour que la quantité dans l'air arrête d'augmenter. Ce n'est pas un petit changement qui nous attend, mais un changement majeur.

– Donc, si je comprends bien, c'est la civilisation moderne qui est responsable ?

– Tu comprends très bien : c'est en utilisant du charbon, du gaz et du pétrole, et en coupant des forêts, entre autres pour élever 1,5 milliard de vaches (qui en plus rotent du méthane), que l'homme a augmenté de 40 % la quantité de CO_2 dans l'atmosphère. Et si nous voulons continuer à jouer à ce jeu-là « tant que ça passe », cette augmentation peut devenir encore plus forte (jusqu'au double) avant la fin du XXIe siècle.

– À propos de CO_2, il y a une question que je voudrais te poser, mais tu promets de ne pas rire ? On ne va quand même pas mourir étouffés à cause de ce surplus de CO_2 ?

– Non, pas au niveau auquel nous pourrions arriver ! Si tu mets quelqu'un dans une pièce avec 10 % de CO_2 dans l'air, ou plus, même s'il y a assez d'oxygène cela va commencer à sérieusement le gêner, et avec un pourcentage encore plus élevé tu finiras même par l'étouffer. Mais dans l'atmosphère il y a 20 % d'oxygène et 0,04 % de CO_2 ; même si on passe à 0,06 %, cela reste bien trop bas pour être gênant pour nos poumons. Les inconvénients qui nous attendent sont « physiques », et viennent de la modification du climat, qui lui supporte beaucoup plus mal cette petite augmentation.

– Mais le prof de géo dit qu'avant nous le climat avait déjà varié... Comment peut-on être sûr que l'homme est en cause ?

– C'est évident : avant nous, la Terre a connu des ères glaciaires, bien plus froides qu'aujourd'hui, et il a fait très chaud à l'ère des dinosaures, sans que nous y soyons pour rien. Plus généralement, le climat n'a pas cessé de varier depuis que la Terre s'est formée, à tel point que le climat du passé est étudié par les scientifiques de très nombreuses disciplines. En fait, ce sont les mêmes – ou presque – que ceux qui étudient l'évolution du climat pour demain, et ce n'est pas un hasard. Comprendre comment le système climatique fonctionne tout seul est indispensable pour répondre à notre grande question, qui est de savoir ce qui se passe à partir du moment où l'homme ajoute son grain de sel.

– Le réchauffement aurait d'autres conséquences que d'élever la température ?

– Oui, bien sûr, mais ces conséquences vont beaucoup dépendre de ce que nous allons faire à partir de maintenant, un peu comme l'état d'un fumeur dépend du nombre de cigarettes qu'il fume et du nombre d'années pendant lesquelles il a fumé. Plus il aura fumé longtemps et beaucoup, et plus il augmente ses « chances » de finir avec quelque chose qui ne lui fera pas plaisir du tout… ou d'être déjà mort. Pour le climat, c'est pareil : ce qui va se passer pour toi et tes enfants dépend pour partie de ce que ma génération et celle de tes grands-parents ont déjà fait, mais pour une autre partie de ce que la mienne va faire dans les vingt à trente ans qui viennent.

De plus, les conséquences les plus dramatiques à attendre de cette évolution ne sont pas juste une température qui monte, mais la guerre, les émeutes, les famines ou les maladies, et ce sont bien évidemment les plus difficiles à prévoir. Impossible de mettre en équations le nombre de réfugiés africains en France en 2067 si la température moyenne monte de 2,54 °C !

– Mais il y a quand même des choses simples, non ? Par exemple, j'entends dire tout le temps que l'océan va monter…

– Effectivement, la montée du niveau de l'océan fait partie des conséquences les plus faciles à prévoir. Tu sais que tout corps, ou à peu près, se dilate quand on le chauffe ? C'est vrai pour les rails du train, et c'est vrai pour l'eau. Comme l'océan est juste de l'eau contenue dans une (très !) grande baignoire, quand l'eau océanique se réchauffe, elle se dilate et son niveau monte. Cet effet va compter pour quelques dizaines de centimètres au moins d'ici à 2100. Mais comme l'océan va mettre beaucoup de temps à équilibrer sa température avec celle d'une atmosphère plus chaude – un millénaire ou plus –, nous savons déjà que l'eau va continuer à monter de quelques dizaines de centimètres par siècle, pendant dix ou vingt siècles.

– Dix ou vingt siècles ! Mais alors, ce que ta génération et celle de mes grands-parents ont fait, on ne peut plus le défaire ?

– Pour partie, non. À une époque, nous pouvions encore dire que nous ne savions pas, mais maintenant nous n'avons plus cette excuse.

Quand la mer monte

– Et la banquise, elle va fondre ?

– Oui, et cela a déjà commencé. Pour des raisons connues des physiciens depuis plus d'un siècle, c'est près du pôle Nord que le climat va se réchauffer le plus vite. C'est pour cela que les scientifiques observent ce qui se passe au Groenland avec beaucoup d'attention : c'est un avant-poste de ce qui va arriver ailleurs ensuite. Pour revenir à ta question, les glaciologues se demandent aujourd'hui si tu ne verras pas, quand tu auras mon âge, la disparition complète de la banquise l'été sur l'océan Arctique. Aujourd'hui, cette banquise d'été couvre encore l'équivalent de huit fois la France, mais c'est deux fois moins qu'il y a trente ans !

– Et elle ne va pas s'arrêter de fondre plus tard ?

– Non, hélas. Une fois commencé, ce processus s'accélère. En effet, lorsque la banquise fond et est remplacée par l'océan, ce dernier absorbe beaucoup plus de lumière que la glace – très réfléchissante – qui était là avant. Du coup, la mer se réchauffe encore plus vite sans banquise qu'avec, et la banquise qui n'a pas encore fondu fond encore plus vite. Si la banquise se met à fondre, il n'y en aura plus pendant des milliers d'années.

– Je comprends. Et les ours polaires et les phoques, ils vont disparaître avec la banquise ?

– Si les ours polaires et les phoques ont besoin de la banquise pour vivre, ils disparaîtront avec la banquise, comme tous les animaux qui ont besoin d'un habitat pour vivre disparaissent si leur habitat disparaît. Et ça vaut aussi pour nous…

– Si la banquise fond, le niveau de la mer va monter ?

– Pas directement. La banquise, c'est de la glace qui flotte sur l'eau, et non de la glace posée sur terre. Un gigantesque glaçon très plat, en somme ! Or, Archimède a expliqué pourquoi, quand tu mets un glaçon dans un verre, le niveau du verre ne change pas lors de la fonte du glaçon. En fait, l'eau que produit le glaçon en fondant prend exactement la place de la partie immergée du glaçon.

– Je vais essayer !…

– J'y compte bien. Pour que la glace qui fond fasse monter le niveau de la mer, il faut que cette glace soit posée sur la terre ferme. Dans ce cas, la fonte de la glace envoie de l'eau dans l'océan, dont le niveau monte. En pratique, il y a de la glace posée sur la terre ferme dans les glaciers de montagne (Alpes, cordillère des Andes, Himalaya, etc.), au Groenland et en Antarctique. Les enjeux ne sont pas les mêmes : si l'on faisait fondre la totalité des glaciers de montagne, le niveau de l'océan monterait de 30 centimètres. Par contre, le Groenland fondant en totalité, cela ferait environ 7 mètres d'eau en plus (la moitié de la Floride disparaît), et l'Antarctique qui fond, cela ferait 80 mètres de plus : Paris serait sous l'eau.

– Et tout cela pourrait fondre dans le siècle qui vient ?

– En totalité, heureusement non, mais le problème est quand même très grave. Dans le siècle qui vient, ce sont les glaciers de montagne qui pourraient fondre en quasi-totalité ; ils fondent déjà très vite par endroits, et souvent l'évolution est plus rapide que l'idée que l'on s'en faisait il y a quelques années. Et surtout, si on regarde un peu plus loin – quelques siècles –, on a quelques raisons de s'inquiéter pour les grosses calottes, celles du Groenland et de l'Antarctique de l'Ouest. Le Groenland, pour sa part, a commencé à fondre, et une fois que cette fonte commence, le processus est irréversible. En effet, la calotte du Groenland est épaisse de quelques kilomètres, et il fait donc beaucoup plus froid à son sommet qu'à sa base (comme il fait plus froid en haut du mont Blanc qu'à Chamonix). Mais quand la calotte commence à fondre, son altitude maximale baisse un peu, et du coup le sommet de la calotte est environné par des températures un peu plus élevées, ce qui accélère la fonte.

D'ici à ce que la terre connaisse sa prochaine ère glaciaire, dans 30 000 à 40 000 ans (si nous n'avons pas trop perturbé ce cycle-là !), le Groenland va fondre au moins de moitié, et peut-être en totalité ; il faut donc s'attendre à 3 à 6 mètres d'eau en plus de ce côté-là.

Après, il y a aussi des inquiétudes du côté de l'Antarctique. Si nous commençons à baisser les émissions humaines tout de suite, l'Antarctique ne fondra pas, ni maintenant ni dans quelques siècles. Par contre, si nous attendons encore quelques années avant de nous mettre à l'ouvrage, alors une partie de l'Antarctique pourrait disparaître, et notamment la « calotte occidentale », qui se trouve face au cap Horn. Si cette seule partie disparaît, cela causera une élévation de 6 mètres du niveau de la mer, mais le risque en provenance de l'Antarctique pourrait aller jusqu'à 10 mètres d'élévation en quelques siècles si les émissions augmentent encore fortement pendant quelques dizaines d'années. Entre le Groenland et la calotte occidentale de l'Antarctique, il y a donc un risque pour plus de 15 mètres de hausse d'ici à 2500. Et, hélas, personne ne sait vraiment à quelle vitesse ces énormes glaciers pourraient fondre. L'une des inconnues est justement… la vitesse de fonte de la banquise.

– Mais je croyais que la banquise ne comptait pas pour la hausse de l'océan !

– Sa fonte, non. Mais je t'ai expliqué que, quand la banquise est remplacée par l'eau de l'océan, le réchauffement de la surface s'accélère (parce qu'il y a davantage de lumière absorbée), ce qui accélère la fonte de la calotte glaciaire qui se trouve à côté.

– Bref, tout pourrait aller plus vite que prévu ?

– Oui. Il y a quelques années, la plupart des glaciologues pensaient que la fonte du Groenland pourrait contribuer un petit peu (de quelques dizaines de centimètres) à la montée du niveau de la mer dans le siècle qui vient, et qu'il y avait un risque significatif – mais pas une certitude – que cela contribue beaucoup à la hausse du niveau de la mer dans le millier d'années qui vient. Plus le temps avance et plus ils sont pessimistes, c'est-à-dire qu'ils pensent que ça pourrait aller plus vite. Pour le Groenland, ce qu'on croyait être un risque pour plus tard est déjà en train de se produire. Des villes côtières qui existent depuis des siècles ou des milliers d'années – Brest, Hambourg, Hanovre, Marseille, Porto… pour ne parler que de l'Europe – auraient alors des problèmes : ports inondés, sols affaiblis et bâtiments qui s'effondrent, dommages accrus aux ouvrages de toute nature qui ont été construits quand le niveau de la mer était plus bas…

– Effectivement, ce n'est pas très gai… Il y aurait d'autres effets de la hausse du niveau de la mer ?

– C'est difficile d'en faire une description exacte, mais on peut essayer d'imaginer. La mer qui monte peut rendre salées certaines nappes phréatiques situées près de la côte, que les agriculteurs utilisent pour irriguer les cultures. Le sel n'étant pas bon pour les plantes, cela pourrait rendre incultivables des terres actuellement fertiles. Ensuite, il va y avoir plus de dommages directs aux constructions situées en bord de mer : ports, routes, usines, raffineries, centrales électriques (pas seulement nucléaires), entrepôts, bâtiments, etc.

– Mais à la plage, quand la mer monte, on recule, et puis c'est bon, non ?

– La mer qui monte de plusieurs mètres, c'est vrai que l'on connaît bien cela en Bretagne, et ça ne prend pas des siècles, tout juste 6 heures, et personne n'en meurt, sauf quelques imprudents au Mont-Saint-Michel. Mais le parallèle est un peu trompeur : la marée – et surtout sa hauteur maximale – est un phénomène prévisible. Nous avons donc tout adapté à son existence et, par exemple, les ports sont prévus pour pouvoir continuer de fonctionner quand la mer est au plus haut, de même que les digues protégeant les Pays-Bas sont conçues pour empêcher l'invasion de la mer à marée haute.

Là, nous parlons de quelque chose de nouveau, qui va s'ajouter à ce qui était déjà prévu lors de la conception. Si l'océan monte suffisamment, à l'occasion d'une marée haute et d'une dépression très forte – par exemple celle qui accompagne un cyclone ou une tempête –, l'eau passe par-dessus les digues, et inonde les routes, les ports, les voies de chemin de fer, les cultures, une centrale électrique ou encore un lotissement. On a vu cela avec le cyclone Katrina à La Nouvelle-Orléans, ou avec la tempête Xynthia en France. C'est à l'occasion d'un phénomène extrême, comme il en arrive de temps en temps, que la défense sera franchie. D'une manière générale, la hausse du niveau de la mer va augmenter les dégâts à l'occasion de phénomènes qui, aujourd'hui, en font beaucoup moins. Et, pas de chance, cela arrivera justement au moment où avoir beaucoup d'énergie pour tout reconstruire sera moins facile qu'aujourd'hui.

– Dans le journal, on lit que l'eau qui monte va faire des réfugiés climatiques par centaines de millions...

– Quand les gens qui vivent grâce à des infrastructures ou à des terres agricoles situées près de la mer n'auront plus de quoi vivre, ils auront envie d'aller ailleurs. Donc la montée du niveau de l'eau, si elle est suffisamment importante et survient en zone densément peuplée, va engendrer des morts ou des déplacements de population. Du reste, c'est exactement ce qui s'est passé à La Nouvelle-Orléans, à petite échelle : l'abandon d'une partie de la ville a engendré quelques centaines de milliers de réfugiés climatiques, même s'ils sont restés américains et en Amérique... Du reste, rien ne dit que ces réfugiés iront très loin à l'avenir : ils peuvent aussi s'installer à quelques dizaines de kilomètres seulement.

– S'ils allaient un peu plus loin, ce serait gênant ?

– Sur une terre déjà peuplée de plus de 7 milliards d'individus, ils iront le plus souvent là où il y a déjà du monde, parce qu'il ne reste pas beaucoup d'endroits inhabités ! Et du coup ça se passera plus ou moins bien. Si le pays d'accueil a beaucoup de travail et de projets, tout ira plutôt bien, mais si ce pays a déjà lui-même des ennuis – et avec le changement climatique et l'énergie, beaucoup de gens pourraient avoir des ennuis –, alors ça se passera plutôt mal. En Afrique, par exemple, on ne compte plus les conflits de voisinage qui résultent des mouvements de population. En Europe, les invasions dites « barbares » qui marquent le début du Moyen Âge n'étaient rien d'autre que le déplacement de populations que l'agriculture des pays scandinaves, à l'époque peu productive, n'arrivait pas à nourrir. Elles n'avaient pas d'autre choix que d'aller voir ailleurs, et comme on ne les accueillait pas à bras ouverts, elles y allaient de préférence bottées et casquées.

– Et les réfugiés syriens, c'est aussi à cause du changement climatique ?

– Tu ne crois pas si bien dire : la réponse est pour partie oui. Une des conséquences du réchauffement climatique est que la pluie va se faire plus rare sur le pourtour du bassin méditerranéen. Du coup, cela rend les populations locales moins aptes à produire leur propre nourriture, et les rend plus dépendantes des importations. Cela les pousse aussi à migrer vers les villes, car elles n'arrivent plus à vivre de leur agriculture. Or, en Syrie, le gouvernement n'avait pas de quoi importer plus de nourriture quand la production du pays a baissé, et l'accumulation d'habitants affamés arrivant dans les villes a contribué à déclencher la guerre civile, qui a envoyé des millions de réfugiés en Europe.

Exactement la même année (2011), et pour les mêmes raisons (sécheresses persistantes et incapacité du pays à compenser par des importations), l'Égypte et la Tunisie ont basculé dans les émeutes. Et tout cela, c'est aux portes de l'Europe !

– C'est pour cela que l'on parle parfois de guerres à propos du changement climatique ?

– Oui, c'est bien une des grandes craintes pour l'avenir, car, quand les populations commencent à être désespérées, elles sont capables de gestes tout aussi désespérés, dont le déclenchement de conflits. Cela étant, personne ne peut prédire l'avenir ! Encore une fois, ma fille, c'est justement pour que ce genre de scénario ne se produise pas qu'il faut essayer de comprendre ce qui *pourrait* se produire. Et c'est difficile pour nous tous d'imaginer un avenir sombre, car depuis deux siècles nous considérons généralement le temps comme un allié : demain sera meilleur qu'aujourd'hui, et nous serons plus riches, plus forts, plus puissants. Mais l'histoire nous enseigne que parfois les choses se passent autrement. La crise financière qui a commencé en 2008 (et qui a été engendrée par une insuffisance de production de pétrole, ce qui a enrayé la machine économique) est l'illustration parfaite d'un problème qui est survenu précisément parce que personne ne voulait y penser à l'avance.

– *Est-ce qu'il y aura plus d'ouragans ?*

– Tous les phénomènes violents qui ont lieu dans l'atmosphère (ouragans, orages, tornades…) ont un même « moteur » : un gros écart de température entre le haut et le bas d'une atmosphère chargée en humidité. Or, le changement climatique réchauffe le sol, mais refroidit la haute atmosphère, ce qui augmentera la différence de température entre haut et bas. Une surface plus chaude, quand cela concerne l'océan, cela veut aussi dire plus d'humidité dans l'air. Les physiciens sont donc tentés de dire qu'il va se passer « quelque chose », soit en termes de violence des ouragans, soit en ce qui concerne leur nombre ou leurs trajectoires. Pour le moment, ils considèrent que c'est l'augmentation de la violence moyenne qui semble le plus probable. C'est du reste ce qui se passe depuis trente ans pour les ouragans de l'Atlantique Nord, même s'il est encore un peu difficile de dire si c'est une preuve formelle ou juste une coïncidence. Et, depuis quelques années, on observe des ouragans – ou des typhons, leur équivalent sur le Pacifique – d'une ampleur encore jamais vue, ou bien en nombre simultané encore jamais vu…

– *Dans l'Atlantique, il y a le Gulf Stream. Il va s'arrêter ou pas ?*

– Le Gulf Stream fait partie d'un vaste mouvement de circulation des océans qui concerne toute la planète. Suis-moi bien : c'est une histoire qui commence dans le Pacifique tropical, là où il y a des alizés qui soufflent d'est en ouest, et qui poussent l'eau vers l'ouest, créant ainsi un courant de surface. L'eau mise en mouvement passe dans l'océan Indien, contourne l'Afrique, entre dans l'Atlantique Sud, remonte vers l'Équateur, reprend un coup d'accélérateur avec les alizés atlantiques, et remonte vers le nord à cause de la rotation de la Terre. Cette partie de la circulation, qui va de l'Équateur au nord de l'Atlantique, s'appelle le Gulf Stream. Comme il s'agit d'eau tropicale chaude qui vient circuler près de l'Europe, nous profitons au passage de ce radiateur un peu spécial, qui fait que Paris n'a pas exactement le climat de Montréal, ville qui est pourtant située à la même latitude. Parvenue près du Groenland, l'eau s'est tellement refroidie et chargée en sel (à cause de l'évaporation qui « enlève » l'eau douce mais pas le sel) qu'elle devient très dense et « coule » vers les profondeurs. L'eau profonde retraverse alors tous les bassins océaniques, et c'est au niveau du Pérou, c'est-à-dire du Pacifique Est, qu'elle remonte en surface. Du reste, cette remontée (*upwelling*, en anglais) amène des minéraux qui permettent au plancton de prospérer, et par contrecoup engendre une abondance de poissons – surtout des anchois –, dont les pêcheurs péruviens profitent.

Avec le réchauffement climatique en cours, l'eau de mer arrivera plus chaude près du Groenland, et par ailleurs il pleuvra plus à cet endroit, ce qui amène de l'eau douce en plus. L'océan près du Groenland va donc devenir moins salé et plus chaud, et l'eau de mer ne va plus « couler » aussi vigoureusement qu'avant. Toute la circulation océanique mondiale en sera modifiée, et le Gulf Stream va s'affaiblir. Il est donc facile d'expliquer ce qui va se passer, mais prévoir à quelle vitesse et avec quelle ampleur cela va se produire est autre chose ! Il semble peu probable que la France se retrouve prochainement avec des hivers canadiens, mais il y a un risque important que le système soit violemment déstabilisé sans qu'on ait vu les choses venir. Les analyses scientifiques les plus récentes montrent hélas que la possibilité que cela arrive avant 2100 est désormais assez significative. Car cette plongée des eaux s'est déjà interrompue à plusieurs reprises dans le passé – au moment de la dernière ère glaciaire en particulier – et cet arrêt s'est produit en très peu de temps : quelques dizaines d'années. Les conséquences à l'époque ont été majeures. L'histoire ne se répète jamais exactement, mais ce signal du passé doit nous mettre fortement en garde.

Le grand chambardement

– Alors, si le climat change, nous ne pouvons pas prévoir tout ce qui va se passer ?

– Hélas, non : un climat qui se réchaufferait de quelques degrés en un siècle pour quelques milliards d'hommes sédentaires, cela ne s'est jamais produit : c'est un grand saut dans l'inconnu.

– Mais si on ne sait pas ce qu'on risque, pourquoi devrait-on faire des efforts ?

– Parce que, sans tout savoir, nous en savons déjà bien assez pour comprendre qu'il ne faut pas que le climat change beaucoup. Souvent, quand on dit « on ne sait pas, donc on ne fait rien », c'est parce qu'on ne veut pas faire d'efforts de toute façon ! Il serait un peu injuste de demander à la science de tout prévoir par le menu en ce qui concerne l'avenir climatique, alors qu'il y a tellement de choses importantes pour lesquelles nous ne sommes pas si exigeants. Nous prenons un risque en faisant des enfants ou en nous mariant, et nous n'exigeons pas de tout savoir à l'avance en pareil cas !

– *Mais là, tu me parles de risques connus. Des enfants mal élevés, ou un mariage qui tourne mal, je sais ce que c'est. Mais pas un climat qui déraille !*

– Tu as raison : quand la conséquence est connue de manière précise, il est plus facile de mettre les gens en garde. Si j'essaie de t'expliquer qu'il n'est pas bon de fumer, je peux t'emmener dans un hôpital où tu verras des gens qui ne peuvent plus parler, qui sont hémiplégiques, à qui on a enlevé un poumon ou l'œsophage, etc., et cela te fera plus d'effet que si je me contente de te montrer des chiffres sur une feuille de papier. Mais, pour le climat, on ne peut pas faire cela : nous sommes en train de vivre quelque chose pour la première fois, et du coup nous n'avons pas d'exemple concret à nous mettre sous la main. Nous devons avoir peur de quelque chose qui ne s'est jamais produit, et tout faire pour que cela ne se produise jamais. Mais, encore une fois, ce que nous savons est largement suffisant. As-tu peur d'être malade ?

– *Quand j'y pense, oui, mais heureusement je n'y pense pas très souvent...*

– Eh bien, en ce qui concerne le changement climatique, un des risques est d'avoir à faire face à des maladies de manière plus fréquente, ou de voir se développer dans certaines régions du monde des maladies qui n'y existaient pas avant.

– *Comme le paludisme, par exemple ?*

– Même si nous avons tous cet exemple en tête, le paludisme fait justement partie des maladies déjà « installées » – elle tue plus d'un million de personnes par an – pour lesquelles il est peu probable que le changement climatique multiplie les morts par 10 ou 100. En revanche, le cas du choléra montre combien les enchaînements peuvent être difficiles à prévoir. Des médecins ont constaté qu'au Bangladesh, chaque fois que le Pacifique Est devient plus chaud que d'habitude, il y a davantage de cas de choléra. Il se passe probablement ceci : la bactérie qui engendre cette maladie, le vibrion du choléra, aime les eaux chaudes et saumâtres (mélange d'eau douce et d'eau de mer) pour se développer. Quand l'eau du Pacifique Est se réchauffe, il pleut davantage au Bangladesh (parce qu'il y a plus d'évaporation), et les eaux saumâtres sont plus abondantes, ce qui favorise le développement du vibrion et entraîne l'apparition d'épidémies. En bref, un élément de départ très anodin en apparence – l'eau de surface du Pacifique se réchauffe – a des effets sanitaires dramatiques. Et dans le même ordre d'idées, ce réchauffement du Pacifique Est, caractéristique d'une situation El Niño, provoque la raréfaction du poisson au large du Pérou, des pluies diluviennes sur le nord de l'Amérique du Sud (avec souvent des glissements de terrain meurtriers), des incendies en Californie… Cela montre bien qu'il ne faut pas croire que le réchauffement du climat, c'est juste une affaire de maillots de bain, comme l'ont parfois dit, de manière stupide, des politiques français voulant se rendre intéressants.

– Cet exemple du choléra est une conséquence du changement climatique ?

– Cet exemple précis, pas nécessairement, mais, globalement, quand on chauffe un peu un bouillon de culture, au début les microbes apprécient. Certains microbes sont nos amis, comme ceux qui se trouvent dans l'intestin, ils nous aident à digérer. Mais il en est d'autres que nous préférons ne pas voir trop souvent, comme ceux qui donnent la tuberculose, ou la grippe. Rappelle-toi que la grippe espagnole a tué plus de gens que la Première Guerre mondiale ! Cela dit, personne n'est aujourd'hui capable d'établir une comptabilité macabre en disant que, pour 1,8 °C de réchauffement, nous aurons 265 millions de morts. Tout ce que nous pouvons faire, c'est évaluer des risques, et parfois leur probabilité. Ce n'est déjà pas simple pour les maladies qui se transmettent directement d'un homme à un autre, et c'est encore plus compliqué pour les maladies « à vecteur ».

– À vecteur ? Qu'est-ce que c'est ?

– Un vecteur, cela désigne « quelque chose » qui transporte. Dans le langage militaire, par exemple, on utilise ce mot pour le missile qui envoie une bombe. Dans le langage médical, cela désigne un animal – en général une petite bête : insecte, oiseau, etc. – qui véhicule le microbe responsable d'une maladie.

Le parasite du paludisme est ainsi véhiculé par des moustiques, celui de la maladie du sommeil par la mouche tsé-tsé, et le virus de la grippe peut l'être par des oiseaux. Pour toutes ces maladies, le réchauffement climatique va modifier à la fois les zones où ces vecteurs peuvent vivre, notamment pour les insectes, et ce qui se passe *dans* l'insecte. Souvent, ce dernier sert de « base arrière » au germe ou au parasite, qui a besoin d'une période de développement dans le corps de l'insecte pour être nocif pour les hommes. La grande crainte pour l'avenir, c'est donc que des microbes ou des insectes au sens large, qui n'étaient pas adaptés à des conditions climatiques données, se mettent à s'y adapter.

– *Et on ne pourra rien faire ?*

– Si, mais peut-être pas aussi efficacement qu'aujourd'hui. Aujourd'hui, l'énergie fossile (charbon, pétrole et gaz), qui crée le changement climatique, est aussi ce qui permet d'avoir un système de soins très performant. L'énergie est partout à l'hôpital : elle fournit son chauffage, elle actionne l'usine qui a fabriqué le scanner, les compresses, le tensiomètre, les médicaments et les prothèses, elle fait avancer le camion qui les a livrés, ainsi que les ambulances et les voitures des médecins et infirmières, et je ne te parle pas du reste. Et, malheureusement pour toi, la contrainte sur l'énergie va augmenter en même temps que les conséquences du changement climatique. Enfin, les gens seront plus ou moins résistants selon qu'ils seront plus ou moins bien nourris, et le changement climatique va aussi concerner l'agriculture.

– *Mais nous aurons toujours à manger ?*

– Tout dépend dans quelle zone du monde. Dans certains pays, qui n'ont pas une production suffisante, la faim est déjà là, surtout quand les relations avec les voisins sont mauvaises et empêchent que les vivres, en provenance de zones plus prospères, n'arrivent en quantité suffisante. Ce que l'on peut dire sans grand risque de se tromper, c'est qu'un réchauffement global entraînera un déplacement des zones climatiques favorables à une espèce donnée des tropiques vers les pôles. C'est bien sûr une image globale, dont l'ampleur va par ailleurs dépendre... de nos émissions de CO_2 dans les décennies à venir. Tu te souviens de l'été 2003 ?

– *La canicule ? C'est ce qui nous attend tous les étés ?*

– Si la température moyenne mondiale monte de 3 °C, nous aurons bien pire. En pareil cas, la température moyenne en Europe monterait de 4 à 5 °C, car le réchauffement ira plus vite sur les continents que sur les océans (c'est parce que Brest est presque « dans » l'océan que ses étés sont plus frais et ses hivers plus doux qu'à Paris). Or, 5 °C, c'est ce qui sépare en Europe la moyenne d'un été normal... de la moyenne de l'été 2003. Ce que nous avons appelé une canicule, si la température planétaire monte de 3 °C, deviendra un été simplement normal chez nous, ce qui signifie qu'un été chaud sera bien plus chaud que celui de 2003. Tu imagines les problèmes que les plantes et les animaux vont rencontrer ! En France, avec un tel scénario, une grande partie des forêts mourrait, et l'on rencontrerait des problèmes agricoles importants.

– *Mais 3 °C en plus, c'est pour 2100 ?*

– Il ne faut pas penser que les ennuis vont attendre le 1er janvier 2100 pour se manifester, et que, jusqu'au 31 décembre 2099, nous ne risquons rien ! Cela, c'est le côté trompeur des résultats des simulations climatiques qui sont toujours donnés pour 2100 : du coup, tout le monde pense qu'il ne va rien se passer d'ennuyeux avant. Évidemment, c'est complètement faux…

– *Et avant, il pourrait se passer quoi ?*

– Avec un réchauffement rapide de la zone tempérée, les plantes seront affectées de multiples manières : trop peu d'eau, comme en 2003, ou trop, comme au printemps 2016 ; trop de chaleur, et surtout trop de nouvelles agressions, car les craintes pour la santé des hommes peuvent se transposer aux plantes, qui ont également leurs « maladies ». Il s'agit, par exemple, d'agressions par des champignons microscopiques, par des virus, ou par des insectes. Si le climat devient trop favorable à ces agresseurs, une espèce peut disparaître, au moins sur une zone donnée. Dans la forêt canadienne, qui est aux avant-postes parce que le climat change plus vite près des pôles qu'ailleurs, des pins sont déjà décimés par un insecte (dont le nom savant est *Dendroctone du pin ponderosa*) qui prolifère plus qu'avant. La sécheresse y fait également des ravages sur une autre espèce emblématique, le tremble. En France, c'est l'avancée des chenilles processionnaires qui est favorisée par le réchauffement du climat. Et je pourrais multiplier les exemples, sans oublier les incendies, qui vont se déclencher de plus en plus souvent, car les forêts brûlent davantage lors des étés caniculaires.

– *Un monde sans forêts ? Quelle tristesse !*

– C'est déjà triste dans certains pays – Haïti, par exemple – où la forêt a disparu (mais pas pour des raisons climatiques), et effectivement cela cause énormément de problèmes. L'existence ou non d'une forêt modifie la pluie locale, et surtout la rétention d'eau quand il pleut, ce qui a beaucoup d'importance pour l'agriculture. Lors des épisodes de fortes précipitations, une pente boisée ralentit plus fortement les inondations en vallée qu'une pente simplement recouverte d'herbe ou de garrigue. Les forêts abritent des animaux – des oiseaux, par exemple –, qui mangent les insectes qui nous rendent malades ou dévorent les cultures. En tout cas, si nous avons en Aquitaine le climat andalou, adieu les forêts…

– Si les forêts disparaissent, est-ce qu'il n'y aura plus d'oxygène ?

– Pas tout de suite, heureusement ! Nous pensons tous qu'une forêt produit de l'oxygène parce que les plantes absorbent du CO_2 et recrachent de l'oxygène. Mais, dans une forêt, il y a d'autres êtres vivants, qui eux respirent « normalement », en consommant de l'oxygène et en recrachant du CO_2. Ce sont tous les animaux, parfois visibles (dont les vers de terre !), mais souvent microscopiques, qui se nourrissent des végétaux ou des débris végétaux, et qui sont responsables de ce que l'on appelle la décomposition des débris végétaux. Dans une forêt ancienne, à l'équilibre, il y a alors autant de CO_2 qui passe dans les arbres par photosynthèse que de CO_2 émis dans l'atmosphère par les microbes qui mangent les débris. Les forêts, contrairement à ce qu'on pense, ne sont pas le principal poumon de la planète. Mais les couper augmente les émissions de CO_2, et fait baisser les effectifs de beaucoup d'espèces sauvages, ce qui n'est pas une bonne idée.

En fait, le poumon de la planète, il n'est pas sur terre, il est plutôt dans la mer : c'est le plancton végétal. Le gaz carbonique qu'il consomme donne à la fois de l'oxygène qui repart dans l'air et du carbone qui passe dans les sédiments marins.

– Et les champs, sont-ils menacés comme les forêts ?

– Tout ce qui pousse dépend des conditions climatiques. Dès à présent, l'homme peut essayer de ne pas en tenir compte, par exemple en faisant pousser des tomates en hiver (sous serre), ou en irriguant des zones arides. Mais cela demande énormément d'énergie (pour chauffer les serres, pour acheminer l'eau ou la dessaler). Il faut ainsi l'équivalent d'un litre de pétrole pour produire un kilo de tomates sous serre chauffée l'hiver. Tant que nous avons beaucoup d'énergie, nous avons donc des marges d'adaptation importantes, mais beaucoup d'énergie, comme nous le verrons plus loin, cela ne va pas durer éternellement…

– *Et on ne peut pas remplacer le blé ou les pommes de terre par autre chose ?*

– L'adaptation est évidemment possible, au moins dans une certaine mesure. Les agriculteurs peuvent changer de variété cultivée, planter plus tôt ou plus tard, et puis surtout nous pouvons changer d'alimentation : souviens-toi, moins on mange de viande rouge et moins nous avons besoin d'une production végétale importante. De même, si on accepte de manger des choux et des carottes en hiver, plutôt que des tomates et des haricots verts, c'est bien plus économe en CO_2 et bien plus « résistant » au changement climatique. Mais tout cela ne vaut que dans une certaine limite. Et en France il y a aussi le problème de la neige.

– *De la neige ? Mais rien ne pousse sur la neige !*

– Non, mais la fonte de la neige accumulée pendant l'hiver permet d'alimenter les fleuves au printemps et en été, et ça c'est important pour les cultures… et les poissons. Bien sûr, il y aura toujours des fleuves, parce que les fleuves, c'est l'eau qui tombe, et l'eau ne va pas s'arrêter de tomber si le climat change. Mieux : dans un monde qui se réchauffe, il y aura de plus en plus d'eau qui s'évaporera, et donc « globalement » de plus en plus de pluie. Mais la grande question est de savoir si elle va tomber un peu plus partout, ou beaucoup plus à certains endroits et un peu moins ailleurs. La réponse pour le moment est que, malheureusement, cela va se passer de la plus mauvaise manière possible, c'est-à-dire qu'il pleuvra plus là où il pleut déjà, et moins là où il ne pleut déjà pas beaucoup. Ensuite le rythme de la pluie peut changer : davantage de fortes pluies, peu propices pour recharger le sol, et moins de pluies fines et continues, mauvaises pour le moral, mais très bonnes pour ce qui pousse. Enfin, si le climat se réchauffe, il peut pleuvoir là où il neigeait, sur les montagnes. L'eau ruisselle alors tout de suite dans la vallée, en hiver, à un moment où elle ne profite pas à la végétation, au lieu d'être stockée sous forme de neige et de fondre au printemps et en été, quand les plantes – et les hommes ! – en profitent.

– Et les animaux, comment vont-ils réagir ?

– Comme les animaux ont besoin des plantes, que ce soit comme habitat ou pour se nourrir, ce qui va se passer pour les animaux va largement dépendre de ce qui va se passer pour les plantes. Mais attention ! Le terme « animaux menacés » te fait toujours penser aux gorilles et aux tigres. Eux sont menacés par la prolifération humaine, et leur sort est malheureusement déjà scellé, avec ou sans changement climatique. L'essentiel des espèces animales, ce sont des insectes, des poissons, des batraciens, des oiseaux ; les gros mammifères ne sont que la toute petite partie émergée du gros iceberg de la biodiversité.

– Et beaucoup de ces espèces pourraient disparaître ?

– Répondre « oui pour certaines et dans un certain délai » est facile (et vrai), être davantage précis est plus difficile ! Je te rappelle que, là comme ailleurs, le nombre d'animaux qui vont y passer demain dépend du nombre de centrales à charbon, de voitures, de vaches et de chaudières au fioul que nous avons aujourd'hui dans le monde, et que nous aurons ou non pendant les quelques dizaines d'années qui viennent. Des chercheurs ont bien tenté de chiffrer la casse possible, mais cela reste des exercices indicatifs, non des prévisions. De plus, pour nombre d'animaux, le changement climatique vient s'ajouter à d'autres problèmes qui existent déjà (déforestation et artificialisation, chasse, braconnage, surpêche, pollution…) et il n'est pas facile de savoir quel effet sera prépondérant. Au Canada, par exemple, la baisse dramatique de son animal emblématique, le caribou (qui ressemble à un renne), est due pour partie au changement climatique, mais pour partie aux autres causes (abattage de la forêt, chasse). Et c'est pareil pour les poissons.

– *Les poissons ne sont donc pas à l'abri ?*

– L'océan, qui nous semble si immense, est en fait un quasi-désert, très peu peuplé : le poids de tous les organismes qui vivent dans l'océan est à peu près cinq cents fois plus faible que le poids des êtres vivants terrestres ! Cet océan, nous l'avons soumis à une quadruple pression, et aucune n'est bonne pour les poissons. La première, et la plus ancienne, est celle de la pêche, qui a, par exemple, conduit à une division par 10 en un siècle de la quantité de poissons vivant dans l'Atlantique Nord. La deuxième pression est celle de la pollution, locale ou globale : à peu près tout ce que nous émettons sur la terre ferme finit par se retrouver un jour ou l'autre dans la mer. La troisième pression est celle du réchauffement de l'eau. Enfin, la quatrième est l'acidification de l'eau de mer.

– *Ça veut dire quoi, acidification ?*

– Ça veut dire devenir plus acide !

– *Et la mer devient plus acide ?*

– L'océan est effectivement en train de devenir plus acide, un peu comme si on y versait de grandes quantités de vinaigre. Mais ce qui provoque cet effet n'est pas du vinaigre (il en faudrait beaucoup trop !), mais le surplus de CO_2 que nous créons dans l'atmosphère. Rappelle-toi, l'océan absorbe une partie du CO_2 en excès que nous mettons dans l'air. Et quand ce CO_2 est absorbé par l'océan, il réagit avec l'eau et forme de l'acide. Cela n'est pas une bonne nouvelle pour tous les organismes qui ont besoin de fabriquer du calcaire pour leur squelette, leur coquille ou leur carapace, parce que la fabrication du calcaire ne peut pas se faire dans une eau acide. Rappelle-toi que l'acide versé sur une craie (qui est du calcaire) la dissout !

– *Ah oui, ça fait des petites bulles ! Et des animaux qui fabriquent du calcaire, il y en a beaucoup ?*

– Tous les coquillages (huîtres, moules…), les crustacés (crabes, araignées de mer…), une partie des coraux, et enfin une bonne partie du plancton, qui constitue le point de départ de la chaîne alimentaire marine. Et je n'oublie pas les tortues, qui se construisent une carapace. Tous ces animaux, s'ils ne s'adaptent pas, disparaîtront…

– *Mais ce que tu me dis là n'a aucun rapport avec la température.*

– Cet effet-là, non. Mais il y a une cause commune : nos émissions de CO_2 auront pour effet de réchauffer l'eau et de l'acidifier, et nos pauvres poissons, crabes et coraux vont devoir s'adapter aux deux, ou mourir. Le plus probable est que ça va se terminer avec encore moins de poissons, et beaucoup plus de conflits.

– *Et le trou dans la couche d'ozone, il est lié au changement climatique ?*

– Sais-tu, ma fille, que 30 % des Français confondent – à tort – l'effet de serre avec le trou dans la couche d'ozone ? Qui plus est, ce n'est ni un trou ni une couche…

– *Qu'est-ce que tu veux dire ?*

– Quand on te dit « couche », tu penses à une couche de neige, avec des limites bien marquées, et rien que de la neige entre les deux. Mais la couche d'ozone est bien différente. Le pourcentage d'ozone dans l'air, qui est de 0,003 % près du sol, grimpe jusqu'à 0,5 % entre 20 et 25 km d'altitude. Le terme de « couche » désigne cette tranche de l'atmosphère où le pourcentage d'ozone dans l'air se promène entre 0,1 et 0,5 %, mais 0,5 % du total, ce n'est pas vraiment comme une couche de neige ou une couche de peinture !

– *Si l'ozone ne forme pas une couche, comment peut-on faire un trou dedans, alors ?*

– On ne peut pas : c'est une autre expression qui induit en erreur. Ce que l'homme a fait, c'est de mettre dans l'atmosphère certains gaz qui attaquent l'ozone de la haute atmosphère. Là où il y avait 0,4 % d'ozone dans l'air, on aura, par exemple, 0,36 %. Ça ne correspond pas vraiment à l'idée que l'on se fait d'un trou… Et, surtout, c'est un problème assez distinct du changement climatique. Attaquer l'ozone de la haute atmosphère, cela augmente les ultraviolets qui arrivent au sol (l'ozone les arrête, d'habitude), ce qui est gênant pour les êtres vivants (les ultraviolets sont nocifs pour les plantes et les animaux). Si tant de gens confondent les deux, c'est qu'il y a trois points communs : les activités modernes de l'homme sont en cause, ça se passe pour partie « au-dessus de nos têtes », et enfin les gaz qui attaquent l'ozone de la stratosphère sont *aussi* des gaz à effet de serre. Mais la comparaison s'arrête là.

La saga du pétrole

– Alors, toute cette histoire de réchauffement climatique, ça vient du pétrole ? Mais le pétrole, lui, il vient d'où ?

– Le pétrole, c'est la plus précieuse des pourritures… Son histoire commence dans l'océan, il y a quelques dizaines ou centaines de millions d'années. À cette époque, comme maintenant, les océans contiennent de minuscules êtres vivants appelés plancton. Quand ce plancton meurt, une petite partie tombe au fond des océans, où il se mélange au sédiment en formation (lequel vient des particules minérales amenées par les fleuves, ou des poussières amenées par le vent). À cause du mouvement de la croûte terrestre, le sédiment, avec les restes de plancton qu'il contient, est ensuite enfoui dans les profondeurs de la terre, où la chaleur le « cuit » à petit feu. La matière organique – répartie de manière très diffuse dans le sédiment – se transforme alors progressivement en gaz et en pétrole, qui sont ensuite expulsés des petites alvéoles où ils ont été formés. Dans les alvéoles restent des petits filets de charbon (inexploitables car disséminés dans le sédiment). Le sédiment qui a donné naissance au gaz et au pétrole, et qui s'est transformé en roche sous l'effet de la chaleur et de la pression, s'appelle désormais une « roche-mère » (« mère » parce que c'est la « mère » du pétrole et du gaz). Et, en général, l'histoire s'arrête là.

– *Comment cela ? Il n'y a qu'à aller recueillir le pétrole qui remonte ?*

– Non ! L'histoire s'arrête là en général, parce que soit le pétrole et le gaz restent prisonniers de la roche-mère, et c'est très difficile de les en faire sortir, soit ils passent à travers, et migrent très lentement vers la surface de la croûte terrestre, mais nous ne pouvons pas plus en profiter.

– *Pourquoi cela ?*

– Parce que, quand ce pétrole finit par arriver à la surface de la croûte terrestre, qui peut être le fond des océans, il suinte sur le sol ou se diffuse dans l'eau, et est rapidement « mangé » par des bactéries. De la sorte, tout le pétrole formé il y a des dizaines de millions d'années et arrivé à la surface de la croûte terrestre il y a très longtemps a aujourd'hui disparu, et il n'en reste rien.

– Mais si ce pétrole a disparu, alors d'où vient le pétrole que l'on consomme ?

– C'est la petite partie du pétrole formé normalement dans le sous-sol qui, lui, n'est jamais parvenu à la surface de la croûte terrestre. Quand il a été expulsé de la roche-mère, et qu'il a commencé à migrer vers la surface, il a rencontré un « piège » (une couche rocheuse imperméable – typiquement de l'argile, ou du sel – en forme de dôme, ou une faille), et il est venu s'accumuler *très* lentement dans la roche perméable située en dessous – cela prend des millions d'années. Si je résume, pour avoir aujourd'hui des « réservoirs » de pétrole et de gaz, il faut donc avoir enfoui, très profond, et il y a très longtemps, un sédiment océanique et sa matière organique, qui ont « cuit » à petit feu, et qu'il y ait eu, quelque part au-dessus, une roche poreuse recouverte d'une roche imperméable, l'ensemble servant de piège. Comme cette cuisson un peu spéciale du plancton produit toujours du pétrole et du gaz, et que la roche poreuse contenait généralement de l'eau au début du processus, on retrouve, en proportions variables, ces trois composants (pétrole, gaz, eau) dans les réservoirs de pétrole. Mais, en fait, ce ne sont pas vraiment des réservoirs au sens classique. Tu vois ce qu'est un réservoir de voiture ?

– Je n'ai jamais regardé, mais j'imagine que c'est une espèce de gros bidon ?

– C'est à peu près cela : c'est une poche de plastique rigide, où le carburant entre et sort sans aucun problème, et en particulier tu peux récupérer tout le carburant que tu as mis dedans, simplement en ouvrant un robinet ou en pompant. Mais un réservoir de pétrole, ce n'est pas du tout cela, c'est essentiellement du rocher.

– *Du rocher !*

– Oui. L'endroit où le pétrole s'accumule, ce n'est pas dans un réservoir où il n'y avait rien avant, comme le vide intérieur d'un réservoir de voiture (ou une grotte !), mais dans les tout petits trous de la roche perméable située sous le piège, et qui en pratique est du grès, du calcaire, parfois du sable, ou encore d'autres roches perméables. Quand le réservoir est « plein », le pétrole – que les pétroliers appellent « huile » – occupe quelques pourcents (en général entre 5 et 10 %, exceptionnellement plus) du volume de la roche située sous le piège. Cette roche qui accueille le pétrole et le gaz s'appelle la roche-réservoir, mais elle ressemble autant à un réservoir de voiture que tu ressembles à une coccinelle.

L'une des différences majeures entre un réservoir de pétrole et un réservoir de voiture, c'est qu'on ne peut *jamais* faire sortir la totalité du pétrole contenu dans une roche-réservoir, parce qu'une bonne partie du pétrole « s'accroche » dans les petits trous. En moyenne, il est possible de faire sortir environ le tiers du pétrole initialement contenu dans les réservoirs découverts par les pétroliers, et pas beaucoup plus.

– *Donc, si je comprends bien, je trouve un réservoir de pétrole et je sais qu'il va en sortir un tiers, pas plus ?*

– Sur un réservoir particulier, ce pourcentage peut varier de 2 à 80 % ! Dire à l'avance ce qu'on va remonter d'un réservoir de pétrole est toujours un pari, et on ne sait vraiment ce qu'il en est qu'une fois l'exploitation du gisement terminée. Mais, en moyenne, sur les milliers de réservoirs dans le monde, c'est effectivement un peu plus de 30 %.

– *On ne peut pas découvrir d'autres réservoirs, quand ceux que l'on utilise sont vides ?*

– Le pétrole ne se reforme pas au fur et à mesure que nous le consommons : il faut plusieurs dizaines ou centaines de millions d'années pour le fabriquer ! En fait, quand une compagnie pétrolière trouve du pétrole, elle trouve un réservoir qui était déjà là bien avant l'apparition de notre espèce. Trouver de nouveaux réservoirs ne se produira donc pas indéfiniment et, du reste, les pétroliers expliquent qu'ils ont presque tout découvert. Les découvertes annuelles sont aujourd'hui six fois plus faibles que dans les années 1960. Depuis cette époque, l'augmentation des réserves n'a rien à voir avec l'augmentation des découvertes. On compte juste d'une manière différente du pétrole qui était déjà découvert, ou dont on savait qu'on allait le découvrir, mais on n'en aura pas plus pour autant.

– Et comment est-ce qu'on découvre du pétrole ?

– Cela commence par… des échographies, comme pour les bébés. L'échographie est une technique qui déborde largement le cadre de la médecine : c'est l'utilisation des ondes sonores pour regarder à l'intérieur de quelque chose, qu'il s'agisse du ventre d'une femme enceinte, ou du sous-sol terrestre. Les échographies des géologues pétroliers s'appellent des analyses sismiques, et on les fait souvent avec de la dynamite. Son explosion émet des ondes qui se réfléchissent sur les diverses couches du sous-sol. Quand on cherche du pétrole sous la mer, on utilise des sonars très puissants (qui par ailleurs agressent dauphins et baleines). L'analyse des échos donne une idée sur la probabilité de trouver ou non du pétrole. Si les géologues pensent qu'il y a de bonnes chances que le sous-sol qu'ils examinent en contienne, la phase suivante consiste à aller voir « en direct », et alors on fait un forage d'exploration. Ce forage – on fait un trou très profond avec un appareil spécial – permet de remonter ce qu'on appelle une carotte : un long cylindre de roche prélevé dans toute l'épaisseur du sous-sol, y compris là où il pourrait y avoir de l'or noir. Cette carotte est soigneusement analysée pour savoir s'il y a du pétrole et, si oui, de quelle qualité, en quelle proportion, etc.

– Tu me perds un peu avec tous ces détails techniques…

– Tu as raison, chercher du pétrole c'est moins simple que l'idée que l'on s'en fait en lisant le journal !

Et encore, quand le forage d'exploration est positif, c'est-à-dire qu'il y a bien du pétrole contenu dans la roche de la carotte, il reste à prendre un dernier pari : savoir combien le gisement va pouvoir effectivement fournir de pétrole. Cela dépend de la taille de la roche-réservoir (parfois difficile à connaître avec précision depuis la surface), de la quantité de petits trous dans la roche, de la pression, de la facilité avec laquelle le pétrole contenu peut passer d'un petit trou à un autre quand on l'aspire vers la surface… Cela explique pourquoi c'est moins simple qu'il n'y paraît de savoir exactement combien il reste de pétrole extractible dans le sous-sol.

Maintenant, reprenons, en commençant par la première conclusion importante : le pétrole et le gaz ne sont pas renouvelables. Pas plus que le charbon, du reste, qui s'est formé de la même manière que le pétrole, par l'enfouissement progressif dans la croûte terrestre de restes de fougères qui ont vécu il y a 300 millions d'années. Or ce simple fait en amène un autre : chaque fois que nous avons à notre disposition un stock de départ limité, qu'il s'agisse de pétrole, de minerai de cuivre, de diamants ou de phosphate, les mathématiques *imposent* qu'il y ait un maximum à la production annuelle mondiale, et qu'après ce maximum la tendance soit celle d'une décroissance ininterrompue. Il s'agit certes d'une tendance, bien sûr il peut y avoir des petits sursauts à la hausse de temps en temps.

– Alors, un jour, il y aura de moins en moins de pétrole ?

– Oui, c'est absolument certain, même si nous ne le voulons pas. En fait, c'est tellement certain que pour le pétrole qui sort d'un gisement « normal », la production mondiale a connu son maximum il y a dix ans. Et c'est grâce à du pétrole que l'on va maintenant chercher directement dans la roche-mère (là où a été formé le pétrole, comme je te l'ai expliqué un peu avant), essentiellement aux États-Unis (ce que la presse a appelé « pétrole de schiste »), que la production totale dans le monde a très légèrement augmenté sur les dix dernières années. Mais il s'agit d'une espèce de chant du cygne, et, d'ici quelques années, la production mondiale de pétrole va baisser. Évidemment, quand j'explique cela à des gens que je croise dans mon travail ou ailleurs, personne ne veut y croire, parce que le pétrole est une drogue tellement agréable… et nous en avons beaucoup profité ! Depuis 1950, la quantité de pétrole consommée dans l'année a été multipliée par 8, et, plus largement, depuis 1850, la quantité d'énergie fossile (gaz, charbon, pétrole) consommée par l'humanité a été multipliée par 150.

– Et ce maximum, on ne peut pas le dater plus précisément ?

– Qu'il arrive l'année prochaine ou dans cinq ans, je trouve cela bien suffisant pour dire que nous ne sommes pas du tout prêts ! Mais si tu veux comprendre pourquoi il y a une petite incertitude, il va falloir reparler technique. Le moment où nous allons passer par le maximum dépend de la quantité de pétrole qui reste sous terre. Les géologues pétroliers expliquent que la nature a fabriqué environ 3 000 milliards de barils de pétrole que nous pourrons extraire de terre (depuis ses débuts, l'industrie pétrolière compte en barils, sachant qu'un baril fait 159 litres). La nature en a aussi fabriqué plein que nous ne pourrons jamais extraire du sous-sol, et celui-là ne compte pas, même si de nombreuses personnes aiment en parler pour se rassurer. Il s'agit de pétrole resté prisonnier à l'état diffus dans la roche-mère, que nous ne pourrons jamais faire sortir, ou de pétrole qui restera dans les gisements en exploitation parce qu'il sera trop bien « collé » dans les petits trous où il est logé... Sur les 3 000 milliards de barils extractibles, l'humanité en a déjà utilisé 1 400. Donc il en reste une grosse moitié sous terre, y compris ce qu'il y a dans les réserves publiées Après, c'est la valeur exacte qui va permettre de dater plus précisément le pic, car « environ 3 000 », ça peut être 2 800 ou 3 500.

Si « environ 3 000 milliards » c'est en fait 2 800, ça veut dire qu'il en reste 1 400, et le maximum de la production, c'était hier (ce qui est possible, car la production mondiale de pétrole a diminué entre mi-2015 et le moment de notre conversation. S'il reste plutôt 1 600 milliards de barils sous terre, alors le maximum sera passé d'ici deux ans, et s'il en reste 2 000, ce sera plutôt en 2020. Mais, pour nous autres Européens, le maximum est de toute façon déjà derrière nous.

– Comment ça ? La consommation de pétrole baisse en Europe ?

– Oui ! Entre 2006 et 2015, la consommation de pétrole en Europe a baissé de près de 20 % !

– Mais c'est parce que nous faisons des économies d'énergie ?

– Hélas, pas du tout. Comme je te l'ai expliqué, depuis dix ans, la production mondiale de pétrole n'augmente quasiment plus. Mais, dans le même temps, les Chinois, qui se sont mis à gagner beaucoup plus d'argent qu'avant, en ont consommé de plus en plus. Et c'est pareil avec les habitants des pays qui exportent le pétrole que nous achetons : ils utilisent l'argent qu'ils gagnent pour acheter des voitures, et du coup gardent pour eux une partie plus importante du pétrole qu'ils extraient du sol. Avec une production mondiale presque inchangée, cela en fait moins pour les autres pays. C'est pour cela que, depuis dix ans, la consommation de pétrole des « consommateurs historiques » – les États-Unis, l'Europe et le Japon – baisse, mais de manière forcée. Et quand la production mondiale de pétrole va se mettre à décliner, la baisse forcée dans ces mêmes pays va s'accélérer.

– Aïe, aïe, aïe ! Et comment on fera quand il n'y aura plus de pétrole ?

– Il va falloir se creuser un peu la cervelle ! Cela étant, il restera du pétrole quand tu seras vieille, mais il y en aura de moins en moins. L'expression « quarante ans de pétrole », que j'ai souvent entendue, n'est qu'un raccourci médiatique qui ne veut rien dire, et qui a eu pour conséquence abominable que rien n'a été préparé pour faire face à « de moins en moins de pétrole », qui est déjà en route depuis dix ans en Europe, en Amérique du Nord et au Japon, et qui est directement à l'origine des « problèmes économiques » dont tu entends peut-être les adultes parler de temps en temps.

– *Mais ce pétrole, on en consomme encore beaucoup ?*

– Un Français consomme un peu plus d'une tonne de pétrole par an en moyenne. On consomme plus de pétrole qu'on ne boit d'eau !

– *Incroyable ! Plus de pétrole que d'eau !*

– Oui. On ne s'en rend pas compte, mais du pétrole il y en a partout. La majeure partie passe bien sûr dans les transports : la voiture, les bateaux, les avions, et un peu les trains (diesel). Une voiture (française) consomme 500 à 1 000 litres dans l'année (ça dépend bien sûr de sa taille, et si on l'utilise beaucoup ou pas), et un passager qui fait l'aller-retour Paris-New York utilise pour son voyage l'équivalent de deux baignoires de pétrole (400 litres !). Avec un pétrole plus rare, il faudra changer tes habitudes de vie, même si tu penses que le climat ne compte pas…

– *Il faudra marcher ?*

– Tu es née dans un pays où on utilise la voiture comme on respire, mais c'est très récent. C'est dans les années 1950, peu avant ma naissance, que les Français se sont mis à se déplacer plus en voiture qu'à pied ! Quand j'avais ton âge, le parc de voitures en France était la moitié de ce qu'il est aujourd'hui. La voiture d'une tonne pour tout le monde, c'est quelque chose de très récent, et qui ne va probablement pas durer, même si on pense que ce n'est pas juste et qu'« on ne peut pas faire autrement ». Il va *falloir* faire autrement !

Mais pétrole, charbon et gaz (le gaz, tout « naturel » qu'il soit, n'est pas plus renouvelable ni beaucoup plus inoffensif pour le climat que le pétrole) servent également à fabriquer tout ce qui t'entoure, de ton shampooing à tes chaussures, en passant par tes jouets et le papier peint de ta chambre. Le couteau avec lequel tu manges, c'est de l'acier sorti d'un haut-fourneau, qui utilise du charbon. Le livre que tu tiens dans la main a nécessité du pétrole et du gaz pour être fabriqué, imprimé, puis transporté dans ta librairie, laquelle est peut-être chauffée au gaz ou au fioul. Et, quand on fait le compte de tout ce qui a été nécessaire pour l'obtenir (tracteurs, usines d'engrais, camions, chaînes du froid, emballages, etc.), même un kilo de bœuf « contient » un kilo de pétrole et de gaz !

Ton ordinateur, dont tu ne peux évidemment plus te passer, a demandé entre 4 à 6 fois ton poids en combustibles fossiles (200 à 300 kilos) pour arriver entre tes mains (activités minières, métallurgie, chimie, transports et, bien sûr, beaucoup d'électricité au charbon pour alimenter les usines...). Avec Internet et le numérique, on parle beaucoup de dématérialisation, mais quand on regarde les chiffres, notre civilisation n'a jamais été aussi dépendante du pétrole, du charbon et du gaz qu'aujourd'hui ! D'ailleurs, les pays où il y a beaucoup d'ordinateurs sont aussi les plus gros consommateurs de pétrole en particulier, et d'énergie en général. Et partout, l'électricité a révolutionné la vie dans les pays occidentaux depuis 1900.

– *Mais c'est une énergie propre, l'électricité !*

– Quand elle sort de la prise, oui, mais il a fallu la produire avant ! On utilise pour cela des centrales électriques, et c'est là que les choses se gâtent. 40 % de la production électrique mondiale est faite avec du charbon. Au lieu d'utiliser une réaction nucléaire pour produire de la chaleur (qu'on transformera en électricité), comme dans l'essentiel des centrales françaises, on obtient le même résultat en brûlant du charbon... mais en émettant du CO_2. 1 kilowattheure d'électricité (ce que consomme ton aspirateur en trente minutes d'utilisation) produit avec une centrale à charbon, c'est 1 kilo de CO_2 qui part dans l'air !

Ce charbon, il n'est pas réservé qu'aux pays « pauvres » : un quart de l'électricité européenne en est issue. En Allemagne, c'est 45 %, malgré les éoliennes et panneaux solaires (qui produisent respectivement 13 % et 6 % de l'électricité), en Australie 65 %, plus de 70 % en Chine ou en Inde, et presque 80 % en Pologne. L'électricité au charbon, c'est environ 25 % des émissions mondiales de CO_2, soit plus que les transports ! Le charbon représente donc un enjeu majeur, y compris dans des pays qu'on dit « développés » : un Américain consomme autant de charbon par an et par habitant qu'un Chinois, et un Allemand en consomme trois fois plus qu'un Indien !

Ensuite, 22 % de l'électricité mondiale est produite avec du gaz, ce qui engendre 400 grammes de CO_2 par kilowatt-heure électrique. Enfin, le pétrole représente 5 % de la production électrique. Fais le compte : les deux tiers de la production électrique mondiale viennent des combustibles fossiles. L'électricité a donc bouleversé nos vies, mais, sauf dans quelques pays dont la France fait partie, elle n'est absolument pas « propre » pour le climat. Du reste, avoir autant d'électricité n'est pas non plus garanti pour l'éternité, car dans le monde elle est majoritairement produite à partir de ressources finies. La production électrique va donc elle aussi ressentir, un jour, le déclin de la production de pétrole, de gaz et de charbon. La France a eu la bonne idée – à mon avis en tout cas – de construire des centrales nucléaires pour produire 75 % de son électricité sans émettre de CO_2 (en fait on en émet un peu pour construire la centrale et la faire fonctionner, mais cinquante fois moins qu'avec du charbon), mais nous sommes une exception dans le monde.

Je t'ai dit que, pour le pétrole, le déclin arrivera sous peu, même si nous ne le voulons pas. Pour le gaz, le pic surviendra, au plus tard, dans quinze à vingt-cinq ans. Comme nous devons faire baisser les émissions le plus vite possible pour préserver le climat, il faudrait faire baisser notre consommation de gaz plus tôt encore, mais, même si nous ne nous soucions pas du climat, la planète devra utiliser de moins en moins de gaz dans une génération tout au plus. Pour le charbon, c'est le milieu du siècle qui marquerait le maximum de la production annuelle si le climat ne nous a pas incités à l'effort avant. Et il le faut : si ma génération – puis la tienne – choisit de prolonger l'usage croissant du charbon aussi longtemps que possible, c'est-à-dire jusqu'en 2050/2060, au lieu de réduire cet usage tout de suite, la génération de tes enfants – voire la tienne – maudira celle qui l'a précédée pour l'addition climatique que cela représentera. Elle aura probablement plus envie de mettre ses parents en prison que de payer leur retraite !

– *Est-ce qu'on consomme moins de pétrole grâce aux centrales nucléaires ?*

– La réponse est non. Le pétrole représente 31 % de l'énergie consommée en France, ce qui est très proche de la moyenne mondiale (32 %), et pas très éloigné de la moyenne européenne (36 %), et ce pourcentage ne dépend pas de l'existence du nucléaire ou pas. Et la raison en est que le pétrole ne sert que très peu à la production d'électricité dans le monde. Les pays qui n'utilisent pas de nucléaire n'utilisent donc pas du pétrole à la place, mais soit des barrages, s'ils ont la chance d'avoir beaucoup de montagnes, soit, et c'est la majorité des cas de figure, du charbon et du gaz. On a beaucoup parlé de l'éolien et du solaire ces dernières années pour produire aussi de l'électricité, mais cela reste marginal dans le monde : aujourd'hui l'éolien représente 3 % de la production électrique mondiale, et le solaire 1 %. Et surtout, entre 2000 et 2014, la production électrique mondiale au charbon a augmenté 5 fois plus que celle des éoliennes, et 20 fois plus que celle faite avec du solaire ! Le charbon et le gaz ont fourni 70 % de la croissance de la production électrique depuis que tu es née…

En France, aux USA, ou au Japon avant l'accident de Fukushima, le nucléaire permet donc de ne pas consommer de charbon et de gaz, ce qui évite d'émettre du CO_2, et évite d'être dépendant de pays qui vendent le gaz (Russie, Iran, divers pays d'Afrique). Par contre, cela ne change pas grand-chose pour le pétrole *stricto sensu*, car le pétrole sert surtout à se déplacer (et l'électricité ne concerne qu'une toute petite partie des déplacements), à l'industrie et à la chimie. Le seul usage du pétrole qui peut facilement être remplacé par de l'électricité nucléaire, c'est pour le chauffage, et du reste c'est ce que nous avons un peu fait en France.

– Un peu ? Mais il y a des radiateurs électriques partout !

– Tu as raison, il y en a beaucoup dans les logements neufs. Mais beaucoup d'immeubles et de maisons construits avant le début du programme nucléaire sont chauffés au fioul et au gaz. En France, on utilise 6 fois plus de gaz et de fioul pour chauffer les logements que d'électricité nucléaire !

– *Mais le nucléaire, il a plein d'inconvénients, non ? J'ai vu beaucoup de reportages sur Fukushima...*

– Toutes les énergies ont leurs avantages et leurs inconvénients ! Pour les combustibles fossiles, les inconvénients s'appellent des ressources finies, le changement climatique, la pollution locale, et parfois la destruction d'écosystèmes ou des morts prématurées (dans le monde, le charbon tue ainsi chaque année l'équivalent de la ville de Grenoble). Pour le nucléaire, les inconvénients s'appellent un risque d'accident, ou la production de déchets un peu particuliers. On ne peut donc pas mettre cette énergie en œuvre n'importe comment, mais dans notre pays nous avons souvent tendance à avoir peur du nucléaire comme les enfants ont peur du loup, sans prendre le temps d'en discuter calmement. Si le seul problème que je te lègue, ma fille, c'est de gérer mes déchets nucléaires, je t'assure que je suis un père heureux et que je n'ai pas honte de ce que je fais. Si je suis encore de ce monde à ce moment-là, j'aurai probablement bien plus honte de ce que je suis en train de te léguer comme problèmes avec les hydrocarbures.

Quant à Fukushima, un rapport très sérieux fait par les Nations unies en 2013 a indiqué que cet accident avait été traumatisant pour les personnes évacuées, mais qu'il ne ferait pas un mort à cause de la radioactivité, et ne causerait pas de dommage particulier à l'environnement. Savoir pourquoi la presse française n'a pas souhaité largement diffuser les conclusions de ce rapport est une question intéressante, qui demandera un autre livre que celui-ci !

Un pétrole hors de prix

– Bon. Mais si le pétrole est moins abondant, il va coûter de plus en plus cher ?

– Si on ne fait rien, c'est-à-dire si on ne s'organise pas à l'avance pour en consommer de moins en moins, le vrai prix du pétrole augmentera probablement de plus en plus en tendance. Du coup, notre consommation baissera quand même, mais dans la douleur. Mon pari – ce que je pense être le plus probable – est que, d'ici à ce que tu aies mon âge, il va se mettre à augmenter plus vite que ce que les gens gagnent (même si de temps en temps il va baisser, ce qui est tout à fait normal), et tout ce qui en dépend fera pareil. L'une des choses que ma génération n'a pas comprise, c'est que depuis deux siècles (le début de la révolution industrielle), le vrai prix de l'énergie n'a pas cessé de baisser. Le vrai prix, c'est le temps qu'il faut travailler pour se payer quelque chose. Et, quand on regarde les chiffres, il faut travailler 20 à 30 fois moins longtemps pour se payer un litre d'essence aujourd'hui qu'il y a un siècle.

Et c'est pareil pour l'électricité ou le gaz. D'une certaine manière, cela signifie que cela coûte 20 à 30 fois moins cher de mettre une machine au travail aujourd'hui qu'il y a un siècle (en fait c'est même 50 à 100 fois moins cher, car les machines utilisent moins d'énergie pour fournir le même travail). Et ce que l'on appelle « augmentation du pouvoir d'achat » – la possibilité d'acheter de plus en plus de choses avec un mois de salaire – en est pour une large part la conséquence directe. En effet, en disposant de plus en plus d'énergie pour de moins en moins cher, nous avons multiplié nos esclaves des temps modernes que sont les machines industrielles, les camions, les voitures, les grues, les pompes, tous les appareils électriques que l'on trouve désormais chez nous… C'est grâce à ces « esclaves », qui fabriquent, lavent, transportent, cuisent, transforment, bref sont à notre service, que nous avons pu disposer de 40 m^2 habitables par personne, de vêtements renouvelés chaque année, d'une voiture par foyer, du tourisme de masse, et de tout ce qui déborde des rayons des magasins. En transférant le travail des hommes aux machines, nous avons aussi gagné beaucoup de temps libre, qui se traduit en congés payés, retraites, études longues pour presque tous, et semaines de travail limitées à 35 heures.

Tu peux aussi observer que, dans tous les pays qui se sont mis à avoir beaucoup d'énergie, les tracteurs et des usines d'engrais et de pesticides ont remplacé les hommes dans les champs, et nous sommes presque tous devenus citadins. Plus généralement, tout notre monde « moderne » repose sur cet édifice fragile d'une énergie disponible en abondance et à un prix réel ridicule.

– *Mais le prix de l'essence, il n'est pas du tout ridicule, pourquoi dis-tu cela ?*

– Si, il l'est, quand on le compare au service qu'il rend ! Pour te montrer que le pétrole n'est pas cher du tout, je vais prendre un exemple. Si je fais l'ascension du mont Blanc en partant de Chamonix, l'énergie que je fournis en hissant ma carcasse sur 4 000 mètres de dénivelé est d'environ 1 kilowatt-heure, c'est-à-dire dix fois moins que l'énergie qu'il y a dans un litre d'essence. Après avoir sué toute la journée et fourni un effort considérable, mon « travail », dans cette affaire, vaut donc juste un peu plus de 10 centimes ! Même à 1,50 euro le litre, l'essence (mise dans un moteur) coûte plusieurs centaines de fois moins cher que le travail humain qu'elle remplace. Les gens ne s'en rendent pas compte, mais l'énergie est *gratuite*. C'est normal : quand tu achètes un litre d'essence, en fait tu n'achètes pas un litre d'essence.

– *Ah bon ? J'achète quoi alors ?*

– Ce que tu paies pour avoir de l'essence, ce sont juste des gens ! Tu paies d'abord ceux qui possèdent un pétrole qui est apparu sans rien demander à personne pour qu'ils acceptent de nous le vendre. Tu paies aussi les gens qui travaillent pour construire et faire fonctionner les derricks, les bateaux qui transportent le pétrole, les raffineries qui le transforment, les pompes à essence qui le distribuent, mais, dans cette affaire, tu ne paies que des hommes. Tu ne paies rien à la nature, qui a pourtant fourni le pétrole de départ sans lequel tu n'aurais rien à mettre dans la cuve à fioul ou le réservoir de voiture.

Comme le pétrole va finir par se raréfier, il va valoir plus cher : ce qui pourra encore sortir de terre sera moins facile à extraire et va demander plus de travail, et ceux qui le possèdent encore vont demander plus pour s'en séparer. Alors que ma génération devait payer de moins en moins cher pour circuler en voiture, la tienne et, plus encore, celle de tes enfants, vont devoir payer de plus en plus cher, en termes réels bien sûr : il vous faudra travailler plus de minutes puis d'heures pour avoir de quoi faire un trajet en voiture. Pour cette raison, une large partie des jeunes qui passent le permis aujourd'hui n'aura plus les moyens de rouler dans une voiture d'une tonne bien avant d'être à la retraite. De même, ma génération pouvait avoir des logements de plus en plus grands pour le même prix ; la tienne, malheureusement non. Il faut de l'énergie pour construire un logement : du gaz et du charbon pour fabriquer le ciment et l'acier, les briques, la moquette et les vitres, puis du diesel dans les camions pour acheminer les matériaux jusqu'au chantier. Il faut ensuite pouvoir le chauffer et, plus la surface est grande, plus il faut d'énergie pour cela. De même, il faut de l'énergie pour fabriquer les produits que tu achètes au supermarché, et même pour la nourriture : tout cela va progressivement devenir plus cher en termes réels ; avec un même temps de travail, on pourra se procurer de moins en moins de choses.

– *Et alors, que va-t-il se passer ?*

– Il va se passer l'inverse de ce qui a toujours paru « naturel » à ma génération, et à celles qui l'ont précédée. Nous trouvions normal d'avoir de plus en plus d'argent pour nous acheter de plus en plus de choses. Les limites physiques et la démographie vont bientôt nous imposer exactement l'inverse.

Dans le monde qui nous entoure, tout est pensé avec une énergie de plus en plus abondante : la mondialisation de l'économie, le pavillon de banlieue occupé par des gens qui travaillent dans des bureaux, la multiplication des objets à notre disposition, la priorité au jetable par rapport au réparable, la priorité à la route par rapport au rail, la spécialisation des territoires qui ensuite exportent partout ailleurs ce qu'ils font grâce au transport pas cher. Ma fille, tu vas être confrontée à un défi inédit, et les gens qui sont actuellement au pouvoir n'ont pas la moindre idée de la façon dont cela va se passer, pour l'excellente raison qu'ils ignorent à peu près tout de la question.

– *Mais tu es en train de me dire que tout va changer ?*

– Tout va changer, de toute façon, mais le rythme et l'anticipation (ou l'absence d'anticipation) vont faire toute la différence. Certaines catégories sont aujourd'hui aux avant-postes de ce qui se passera sans préparation : routiers, pêcheurs, ou ménages modestes chauffés au fioul. Pour le moment, chaque fois qu'ils voient le prix du pétrole monter, leur réaction est de demander que l'État en paye une partie pour eux (c'est en pratique ce que fait une subvention). Et, pour le moment, on a encore une petite marge de manœuvre, parce que l'on peut encore emprunter un peu d'argent pour leur donner satisfaction. Mais bientôt on ne pourra que subir un processus qui touchera tout le monde.

– *On ne peut pas se préparer à l'avance ?*

– En théorie, bien sûr que oui, mais pour cela il faut accepter un effort tout de suite pour un bénéfice qui n'est pas immédiat, et en démocratie c'est toujours long d'obtenir ce genre d'accord, que ce soit pour les retraites ou pour l'énergie ! Un certain nombre de personnes ont proposé depuis longtemps d'augmenter volontairement les taxes sur les carburants, le gaz et même l'électricité, afin d'inciter les gens à moins consommer, comme pour les cigarettes. L'argent récolté peut ensuite aider les gens à faire autrement, exactement comme l'argent que tu paies aujourd'hui pour la Sécurité sociale servira peut-être à te sauver la vie demain. Cette proposition n'a jamais été très populaire, parce que beaucoup pensent que ce serait enfoncer encore un peu plus ceux qui ont déjà du mal à boucler leurs fins de mois. Pourtant, c'est un peu comme avec une assurance : il s'agit de payer une prime tout de suite pour éviter d'avoir à payer beaucoup plus cher plus tard, et paradoxalement ce sont surtout ceux qui ne gagnent pas beaucoup qui doivent payer l'assurance, car ils seront les premiers à souffrir dans un monde non préparé. Les riches ont toujours plus de moyens pour faire face à l'imprévu.

– *Et on ne peut pas remplacer les voitures à essence par des voitures électriques ?*

– Ça dépend de ce que l'on cherche ! Pour consommer moins de pétrole, c'est assurément une bonne idée. Pour émettre moins de CO_2, ça se discute, puisque l'électricité, dans le monde, est produite aux deux tiers avec du charbon et du gaz. En plus, avec une voiture électrique il faut fabriquer une grosse batterie, pas seulement la voiture, ce qui double les émissions de construction du véhicule. Le résultat, c'est que, en moyenne mondiale, passer d'une voiture à pétrole à une voiture électrique ne fait rien gagner en CO_2. En Chine, en Inde, en Pologne ou en Australie, cela augmente même les émissions par véhicule. En Allemagne, on émet autant de CO_2 en roulant électrique qu'en roulant pétrole !

Bien sûr, si l'électricité est produite sans émissions de CO_2 – là, on parle du nucléaire, de l'hydroélectricité et des nouvelles énergies renouvelables –, alors les émissions par véhicule sont plus basses, mais ça ne peut pas se faire en une semaine… voire pas du tout.

Il y a aujourd'hui 1 milliard de voitures dans le monde. Si nous voulions tout passer à l'électrique, il faudrait donc construire 1 milliard de grosses batteries, et cela consommerait instantanément la moitié des réserves mondiales du métal utilisé pour cela, qui s'appelle le lithium. Comme une batterie dure dix ans tout au plus, on pourrait donc rouler à l'électricité pendant vingt ans… puis plus rien ! Et, avec les usines actuelles, il faudrait trois siècles de production pour faire 1 milliard de grosses batteries ! Or nous devons avoir réglé le problème avant que tu ne meures…

Ensuite, il faut produire l'électricité qui fait avancer ces voitures. Pour cela, il faudrait rajouter un gros 10 % à la production électrique annuelle (dans le monde). Mais… ce doit être de l'électricité sans CO_2 ! Et cela signifierait doubler le parc nucléaire mondial, ou multiplier par 4 le parc éolien, ou par 15 le parc solaire mondial. En France, remplacer nos 30 millions de voitures à pétrole par des voitures électriques, et y ajouter les utilitaires et camions, demanderait d'augmenter d'un tiers environ le nombre de centrales nucléaires en France.

Dans tous les cas de figure, plus la population acceptera (elle le devrait, à mon sens) de n'avoir que des voitures qui roulent à 100 km/h et qui ont une autonomie de 200 km, et plus ce sera rapide de faire la transition. Mais ce qui précède sur la fabrication de batteries montre que tu ne verras probablement jamais une humanité qui ait 1 milliard de véhicules électriques à disposition.

– Il est donc impossible de vivre comme aujourd'hui sans pétrole ?

– Il sera très certainement impossible de déplacer des personnes et des marchandises aussi facilement qu'aujourd'hui sans pétrole. Avec moins d'or noir, nous pourrons moins facilement habiter loin du travail, partir en vacances, faire nos études à l'étranger ou aller visiter de la famille qui y réside... et nous pourrons aussi moins facilement remplir les supermarchés, ou acheter sur Internet des objets livrés le lendemain.

Plus généralement, si l'on prend les énergies fossiles au sens large, qui fournissent 80 % de ce que « mangent » les machines dans le monde, il est parfaitement impossible de les remplacer par autre chose en quelques dizaines d'années. Qu'avons-nous à part les hydrocarbures ? Le bois, qui représente environ 10 % de l'énergie mondiale, mais qui est déjà menacé, par endroits, par la déforestation, et qui ne pourra donc pas augmenter de manière significative. Nous avons ensuite l'hydroélectricité (environ 7 %), puis le nucléaire (environ 4,5 %). Le reste compte plus dans les médias que dans la vraie vie : l'éolien, ce n'est aujourd'hui que 1 % de la consommation mondiale, et le photovoltaïque, 0,4 %.

– *Pourquoi en parler alors, si c'est si petit ?*

– Parce que les médias ne se posent pas la question comme toi ! Leur métier est de parler des choses nouvelles, de la construction de quelque chose qui n'existait pas avant, et pas nécessairement de ce qui est important. En France, nous ne construisons plus de barrages, et même s'ils produisent « tranquillement » plein d'électricité, la presse n'en parle quasiment pas, alors que c'est de l'énergie renouvelable. Par contre, comme on construit une éolienne par jour, ou plus, le journal parle de l'éolien en permanence. Mais les barrages restent plus importants que l'éolien dans le courant que tu consommes en France, et cela reste vrai pour l'Europe, ou le monde : sur la planète, les barrages produisent cinq fois l'électricité de l'éolien !

D'ici à ce que tu aies mon âge, les éoliennes et les panneaux solaires auront probablement gagné en importance, mais ils donneront de petites productions comparé au reste, et n'empêcheront pas le système économique dans lequel tu vis d'être profondément transformé, ni les hommes de se taper dessus si l'on ne fait rien. Les énergies sans CO_2 qui ont un grand potentiel pour remplacer les fossiles dans les pays industrialisés sont d'abord le nucléaire, puis l'hydroélectricité (mais ce n'est pas toujours possible, de nombreux sites étant déjà équipés, ni toujours propre : en Chine, il a fallu profondément modifier le cours d'un fleuve et déplacer un million de personnes pour construire le barrage des Trois-Gorges), et enfin le bois dans les pays ayant beaucoup de forêts (Russie, Canada…). Mais cela ne suffira pas à remplacer tout le charbon, le pétrole et le gaz que nous utilisons aujourd'hui. L'essentiel de ce qu'il faut faire à partir de maintenant, c'est surtout de consommer moins d'énergie, et d'en tirer le meilleur parti. Et cela ne sera pas seulement l'affaire des industriels : tout le monde va devoir faire des efforts, y compris les plus modestes. Tout le monde va devoir se retrousser les manches et prendre sa part.

– Mais pourquoi dit-on que les énergies renouvelables sont des énergies prometteuses, alors ?

– Ces énergies, souvent présentées comme « nouvelles », ne le sont pas en fait : elles sont les plus anciennes de celles que nous utilisons ! L'énergie du vent a alimenté les moulins qui permettaient de remonter l'eau dans la Rome antique ou de moudre le grain au Moyen Âge, bien avant qu'on utilise des moteurs. Le vent – toujours lui – a propulsé les premiers bateaux (avec les galériens, hélas), bien avant qu'on ait du charbon et du pétrole pour le remplacer. Le bois a alimenté les premières forges bien avant qu'on ait du charbon. Et si les hydrocarbures ont pris une place dominante aujourd'hui pour nous permettre de vivre comme nous vivons, c'est parce qu'ils ont des propriétés physiques que les énergies renouvelables n'ont pas, et qu'ils sont beaucoup plus faciles à utiliser. Du coup, tant que nous n'avions ni problème de disponibilité ni problème de changement climatique, les énergies fossiles étaient idéales : elles sont plus faciles à extraire de l'environnement que les énergies renouvelables, et donc moins chères, et considérablement plus faciles à transporter – surtout le pétrole – et à stocker. Et c'est bien pour cela que nous avons pu en utiliser de telles quantités.

– La politique d'un pays ne change donc pas le prix des énergies renouvelables ?

– Si, un peu, mais si la seule volonté politique était suffisante, on verrait de grandes différences selon que cette volonté est là ou pas, alors que ce n'est pas le cas. Aujourd'hui, les premières énergies renouvelables dans le monde sont le bois et l'hydroélectricité. Et c'est pour cela que les pays qui utilisent beaucoup d'énergies renouvelables sont d'abord des pays avec beaucoup de forêts, ou beaucoup de montagnes, avec ou sans un bon président. C'est le cas de la Scandinavie, qui dispose de forêts et de montagnes, de la Suisse, de certains pays boisés et montagneux d'Afrique ou d'Amérique du Sud…

En revanche, quand les pays sont plats et peu boisés, par exemple le Danemark, la Hollande ou l'Allemagne, ils n'ont pas beaucoup d'énergies renouvelables, même si les Verts sont au pouvoir.

Tu as probablement en tête l'Allemagne ou le Danemark, souvent présentés par la presse de notre pays comme exemplaires. Eh bien, quand tu regardes, ils ne sont pas très différents de nous : un Français consomme chaque année 1,1 tonne de pétrole, au Danemark c'est 1,4 tonne et en Allemagne aussi. Un Français utilise 0,5 tonne de gaz par an, un Danois aussi et un Allemand 0,8 tonne. Enfin un Français n'utilise « que » 0,2 tonne de charbon par an, mais ce chiffre monte à 0,5 tonne pour un Danois et à 1,5 tonne pour un Allemand ! On ne voit pas vraiment l'effet des renouvelables « en vogue » dans ces chiffres…

Même pour l'électricité, le discours médiatique est parfois trompeur. Au Danemark, les éoliennes fournissent bien la moitié de la production électrique, mais… l'essentiel est exporté quand le vent souffle ! Seul un cinquième est vraiment consommé dans le pays, le reste part chez les voisins.

En fait, le pays européen qui est allé le plus loin dans la part d'éolien dans la consommation électrique est probablement l'Espagne, qui dispose de barrages (que les Danois et les Allemands n'ont pas) et de centrales à gaz pour aller avec la fluctuation de l'éolien. En France, 14 % de l'électricité vient des barrages, 5 % de l'éolien et 1 % du solaire.

– *Et les biocarburants, est-ce qu'ils peuvent remplacer l'essence ?*

– Ce qu'on appelle aujourd'hui biocarburants devrait s'appeler « agrocarburants », parce qu'ils ne sont pas bio au sens où on parle de légumes bio. En gros, cela consiste à produire des carburants qui ressemblent à l'essence ou au diesel à partir de plantes.

– *Ça a l'air très bien ; pourquoi n'en fait-on pas plus ?*

– Parce que c'est encore et toujours une question de quantité. La première limite, c'est que les agrocarburants utilisent des terres agricoles qui, du coup, ne sont plus disponibles pour l'alimentation humaine. Avec de l'éthanol de blé ou de maïs, il faut à peu près 0,2 hectare de terre agricole pour faire une seule fois le plein d'une grosse voiture ! Or la surface de terre agricole par habitant de la planète est de… 0,2 hectare en moyenne. Donc, quand je fais le plein de ma grosse voiture avec de l'éthanol, j'empêche d'une certaine manière une personne de manger toute l'année, ou alors je force à la déforestation de 0,2 hectare de terre. Cela explique pourquoi, aujourd'hui, la production de biocarburants est de 70 millions de tonnes par an seulement, contre 4 500 millions de tonnes de « vrai » pétrole.

Et si nous utilisions la totalité de la production céréalière mondiale pour produire de l'éthanol, cela permettrait de remplacer… le quart du pétrole consommé sur terre.

En outre, pour faire pousser une plante puis la transformer en carburant, il faut aussi utiliser de l'énergie. Cette énergie est utilisée par le tracteur, mais aussi par les usines d'engrais – en fait la production d'engrais consomme plus d'énergie que le tracteur – et celles qui fabriquent les pesticides. En pratique, quand on obtient l'équivalent d'un litre d'essence sous forme d'éthanol, on a consommé en cours de route entre un demi-litre et un litre d'essence pour le produire. Il y a des cas de figure où l'énergie obtenue à la fin est équivalente à ce qui a été consommé pour y parvenir !

– Et le pétrole, il n'a pas besoin d'énergie pour être produit ?

– Si, bien sûr : il faut de l'énergie pour extraire le pétrole, pour le transporter et pour le raffiner. Mais, pour faire tout cela, on n'utilise que 15 % à 20 % du pétrole de départ. Parce que la nature a fait toute seule pour nous le travail le plus consommateur d'énergie, qui est de prendre de la matière vivante, de la faire « cuire » et de concentrer le produit de la cuisson dans un endroit où il nous attend. Et l'on n'a rien payé pour ça, alors qu'avec des agrocarburants, il faut payer des gens pour faire la même chose à partir des plantes. Donc ça sera nécessairement plus cher.

– Bref, les énergies renouvelables seront toujours plus chères que les énergies fossiles ?

– Globalement, oui. Ce n'est pas dû à la mauvaise volonté du gouvernement, ou à la mauvaise volonté des industriels. C'est juste une conséquence logique de la manière dont l'humanité a construit son système économique, où nous payons les hommes pour transformer la nature, mais pas la nature elle-même pour les produits qu'elle nous fournit sans que nous ne fassions rien (des minerais, des sols, des poissons, des arbres, du vent et du soleil, et… du pétrole, du gaz, du charbon).

La seule énergie renouvelable qui est à peu près au niveau de prix des énergies fossiles, c'est l'hydroélectricité, parce que la nature nous mâche le travail, comme pour les combustibles fossiles. D'abord, elle fait remonter l'eau en altitude (cela s'appelle la pluie !), ce qui nous évite de le faire avec des machines ou des sacs à dos. Ensuite elle fait des montagnes, qui permettent de concentrer la pluie qui tombe au fond de vallées situées en altitude. Il nous suffit alors de construire un mur de barrage pour créer un lac en altitude, de faire un gros tuyau qui va du barrage au point le plus bas possible dans la vallée en dessous, et de mettre une turbine au bout de ce gros tuyau (qui tournera sous la force de l'eau sous pression). Tout cela ne demande pas trop de travail humain, et permet donc d'avoir de l'électricité avec des coûts économiques « normaux ». Mais quand on veut capter non pas la force de l'eau mais celle de l'air, qui pèse presque 1 000 fois moins par litre, il faut construire énormément d'éoliennes pour avoir l'électricité d'un seul grand barrage. Ainsi le barrage de Grand'Maison, dans les Alpes, est puissant comme 1 000 éoliennes de grande taille, soit le cinquième du parc éolien français. Et, en plus, il produit de l'électricité quand on le lui demande, pas juste quand le vent souffle, ce qui est très précieux pour gérer un système électrique.

La deuxième énergie pour laquelle la nature nous prépare le terrain, c'est le bois, parce que le faible rendement de la photosynthèse produit malgré tout beaucoup de bois, compte tenu de la quantité considérable d'énergie solaire qui tombe sur terre. Et surtout, la nature assure le stockage pour nous : l'arbre est disponible à tout moment, et la bûche une fois coupée, aussi. En effet, une chose à laquelle on ne pense pas souvent pour le pétrole, c'est qu'il se stocke et se transporte extrêmement facilement, avec très peu de travail humain, et donc pour pas cher. C'est déjà moins vrai pour le gaz, qui coûte 10 fois plus cher à transporter que le pétrole, et encore moins vrai pour le charbon, qui est solide et donc intransportable dans des tuyaux (mode de transport le plus économique).

Les autres énergies renouvelables, comme le vent ou le soleil, ne permettent pas d'assurer la fonction de stock : on ne peut pas stocker du vent ou du soleil comme on stocke du pétrole ou du bois ! Si on veut utiliser l'électricité à un autre moment que quand elle est produite, il faut la stocker. En pratique, cela signifie la convertir en autre chose (on ne peut pas stocker l'électricité en tant que telle) : en énergie chimique dans une batterie, en hydrogène (que l'on fera brûler) dans un électrolyseur, ou bien en eau remontée en altitude (grâce à une pompe), que l'on utilisera ensuite pour faire fonctionner un barrage. Dans tous les cas de figure, il y a des pertes (de 25 % à 80 % de l'électricité initiale, selon le dispositif utilisé), et donc de l'argent à payer deux fois. Il faut payer une première fois pour fabriquer le dispositif de stockage, et il faut payer une deuxième fois pour produire l'électricité qui sera perdue à l'occasion du stockage.

Avec les énergies intermittentes (qui ne sont pas là tout le temps) et fatales (qui arrivent quand elles arrivent, et non quand nous l'avons décidé) que sont le vent et le soleil, leur côté très diffus, d'une part, et la nécessité de stocker, d'autre part, vont demander énormément de travail humain pour arriver à des sources de grande puissance et disponibles à la demande, et c'est pour cela qu'elles coûteront toujours plus cher que les énergies fossiles, ou même les renouvelables « faciles » (hydroélectricité et bois).

– Et qui dit qu'on ne trouvera pas une nouvelle source d'énergie, encore inconnue ?

– Tu me demandes si l'on va découvrir des sources inconnues aujourd'hui, et si l'on aura le temps de les déployer en dix ou vingt ans pour remplacer ce qui représente 80 % de notre consommation actuelle ? La réponse est que je ne peux pas démontrer que c'est rigoureusement impossible, mais je ne parierais pas un seul centime sur cette éventualité !

– Heureusement que pour manger, on n'a pas besoin de pétrole !

– Si, même là tu en utilises ! Sauf que tu ne le vois pas. Il en faut pour les tracteurs, il en faut pour les usines chimiques qui font les engrais, il en faut pour transporter les aliments (un tiers des camions qui circulent en France transporte quelque chose qui se mange)… et quand tu manges de la viande, tu manges encore plus de pétrole ! Pour faire un kilo de bœuf, il faut quelques dizaines de kilos de céréales (et donc tracteurs, engrais, camions, etc.). La totalité du maïs et la moitié du blé cultivées en France finissent dans l'estomac d'un animal qu'on va manger ! Moyennant quoi, un kilo de bœuf, c'est vraiment un kilo de pétrole ou de gaz. En fait, la viande, et en particulier la viande rouge (le poulet et le cochon sont mieux placés), est impensable au niveau actuel de consommation sans agriculture « sale ». Tous ceux qui sont contre l'agriculture qui pollue devraient se poser la question de savoir quelle est la quantité de bifteck qu'ils considèrent comme acceptable dans leur assiette, car c'est là que se trouve une bonne partie de la réponse. Les légumes peuvent être aussi concernés : un kilo de tomates sous serre chauffée l'hiver, c'est l'équivalent d'un litre d'essence. Même un kilo de pommes de terre qui arrive sur un étal, il faut de l'énergie pour le faire pousser et transporter la récolte (pas trop heureusement !). Enfin, la pêche n'est pas épargnée : un kilo de poisson, c'est 0,5 à 2 litres de gasoil dans le chalutier…

Entre autres choses, le pétrole a remplacé les travailleurs de la terre : il y a deux siècles, 70 % de la France était constituée de paysans, qui étaient alors capables de se nourrir eux-mêmes, et de nourrir les 30 % restants, qui n'étaient pas paysans. Aujourd'hui, avec 1 % de la population dans l'agriculture, on nourrit tout le monde, et avec cinq fois plus de viande par personne, s'il vous plaît. Le pétrole, ainsi que le gaz et le charbon ont permis de multiplier par 300 la productivité par agriculteur ! Nous devons travailler 15 % de notre temps seulement pour nous payer de quoi manger (autant que l'on veut), alors que la génération de mes parents devait en moyenne travailler 40 % de son temps… pour manger moins de viande. On retrouve là aussi l'effet d'une énergie sans cesse plus abondante. Mais quand l'énergie diminue, ce qui est le cas depuis une petite dizaine d'années en Europe, alors l'évolution s'inverse. À l'avenir, notre nourriture viendra de moins en moins du pétrole, de plus en plus du travail humain, et les aliments vont coûter plus cher. À budget constant, on aura donc plus souvent des œufs et des patates dans nos assiettes, moins de bœuf, et on attendra juillet pour manger des tomates !

– Mais, si le pétrole est plus rare et plus cher, c'est mieux pour la planète ?

– « Mieux pour la planète », ce n'est pas l'objectif ultime ! Conserver l'environnement en bon état, c'est surtout pour nous que c'est intéressant. Savoir si une maison reste debout une fois que tout le monde est mort, ça n'est pas une question majeure… Si nous parlons de nous, un prix du pétrole qui monte produit un effet qui dépend de quel côté on se trouve, et de ce que l'on appelle « pétrole ». Parlons d'abord d'un pays qui exporte du pétrole brut, comme la Russie ou l'Irak : un prix en hausse est plutôt sympathique, car cela augmente les recettes commerciales, sauf si cela fait trop baisser la consommation chez ceux qui l'achètent. Pour les pays qui importent du pétrole – en fait, des produits pétroliers, et la différence est importante – sans en avoir chez eux, la réponse est inverse, car il faudra travailler plus longtemps pour se payer le pétrole acheté à d'autres pays. Aujourd'hui, l'essentiel du pétrole se trouve chez des gens qui n'en consomment qu'une petite partie : Arabie Saoudite, Iran, Irak, Russie et Émirats détiennent les trois quarts du pétrole qui peut encore être extrait de terre, alors que la consommation a lieu principalement aux États-Unis, en Chine, au Japon et en Europe occidentale. La France importe 99 % de son pétrole et 98 % de son gaz. La Russie, à la fois gros producteur et gros consommateur de pétrole, est un peu atypique.

Quand le prix du pétrole augmente parce que les producteurs le vendent plus cher (par exemple, quand il y en a moins à vendre), les pays qui le consomment s'adaptent en réduisant leur consommation. Tes parents, ma fille, ont bien connu ça en 1974 et 1979, quand le prix du pétrole est monté très violemment et très brusquement. Ça, c'est très bon pour « la planète », c'est-à-dire très bon pour faire baisser les émissions de CO_2, et pour construire une économie qui consomme moins. Mais si la hausse est trop rapide, c'est une adaptation qui se fait un peu dans la douleur, parce que nous avions prévu autre chose.

Il y a une autre manière, bien différente, de faire monter le prix du pétrole : c'est quand les pays *consommateurs* décident d'augmenter le prix des produits pétroliers (essence, diesel, fioul domestique, kérosène, gaz…) en les taxant plus, pour inciter les consommateurs à baisser la consommation, sans que les producteurs ne montent les prix. Cette hausse-là est une bonne idée pour la planète, et en fait surtout pour toi.

– *Pourquoi c'est une bonne idée de payer plus cher ?*

– Pour deux raisons. Je t'ai expliqué que, comme le pétrole est en quantité finie, la consommation baissera de toute façon, et que cela a déjà commencé en Europe. Mais il y a une différence importante entre subir cette situation et l'avoir décidée. Dans le premier cas, une désorganisation sociale importante apparaît, puisque la production (qui dépend de la quantité d'énergie dont nous disposons) se contracte de manière subie. À ce moment le chômage monte, des tas d'entreprises ferment (tourisme, transports et leurs sous-traitants, hypermarchés, une partie des industriels de la grande consommation, puis leurs fournisseurs, etc.) et, à la suite, cela entraîne une montée des partis politiques dits « extrêmes ». C'est exactement ce qui se passe en Europe depuis dix ans.

Si ça va trop vite, des émeutes, voire des guerres, se déclencheront. Tout cela est le résultat d'une pénurie subie. En revanche, si on monte les prix dans le pays consommateur, *via* des taxes, sans que le prix augmente quand on l'achète au producteur, on se met doucement au régime, et on apprend à se passer d'une énergie qui va de toute façon manquer, en s'organisant en conséquence. Par ailleurs, où va l'argent avec des taxes ? Dans notre poche…

– *Dans notre poche ?*

– Oui : quand tu paies des impôts, c'est de l'argent qui ne quitte pas le pays. Il sert d'abord à payer tes professeurs, les médecins, à entretenir les routes (même s'il y a trop de voitures !), à payer les juges et les policiers, etc., et tout cela fait des emplois. Ensuite, une bonne partie va à des entreprises privées, par exemple à celles qui construisent écoles, hôpitaux, mairies et stades, ou qui fournissent les cantines scolaires. Plus de taxes, c'est donc aussi plus d'emplois ! Après, il faut savoir ce que l'on veut : ou bien on n'aime pas les impôts par principe, et on voudrait qu'il n'y en ait plus du tout, mais alors il faut accepter l'idée que tout deviendra privé, y compris la police ; ou bien on veut bien « des impôts mais juste les bons », et alors taxer de manière graduelle les produits pétroliers et gaziers est un des meilleurs impôts que nous pourrions avoir pour préparer *ton* avenir. Rien n'empêche d'en baisser d'autres en même temps, si on ne veut pas trop payer. Mais il y a une autre raison pour laquelle il vaut mieux des prix de carburants qui montent parce que les taxes augmentent, c'est que cela préserve le climat dans lequel tu vivras.

– *Mais si la production de pétrole baisse, on fera moins de CO_2 de toute façon, non ?*

– Oui, dans un premier temps, mais, en même temps, le prix du pétrole chez le producteur va augmenter. Puisque certains seront prêts à acheter cher le pétrole restant, les pays qui ont du charbon vont s'en servir pour faire du pétrole de synthèse, qui permet aussi de faire avancer voitures et avions.

Car l'énergie la moins chère pour remplacer un pétrole devenu insuffisant, ce n'est pas du tout les panneaux solaires ou les éoliennes, c'est le gaz et le charbon. Pour commencer, on peut très bien transformer le charbon ou le gaz en carburant liquide. Les ingénieurs savent très bien faire cela, et depuis longtemps : c'est grâce au carburant liquide issu du charbon que l'Allemagne nazie – qui n'avait pas de puits de pétrole sur son sol, mais plein de mines de charbon – a pu alimenter ses chars et ses avions. On sait faire avec du charbon tout ce que l'on fait avec du pétrole, y compris des ordinateurs et des bacs en plastique.

Une autre manière de passer du pétrole au charbon et au gaz, c'est de faire des voitures électriques pour remplacer les voitures à pétrole, et de produire l'électricité avec du charbon et du gaz. Si nous laissons le prix du pétrole monter tout seul, les pays qui possèdent du charbon (États-Unis, Russie, Chine, Inde, Australie, Afrique du Sud, Pologne, Allemagne) vont se rabattre dessus, et cela va augmenter les émissions de CO_2. C'est du reste pour partie ce qui s'est passé pendant les années 2007 à 2014, alors que le prix du pétrole était élevé : le charbon est l'énergie dont la consommation a le plus augmenté sur la période, alors que la production de pétrole n'augmentait presque plus. En France, sur cette période, nous avons eu le chômage – à cause du manque de pétrole – *et* le changement climatique (c'est-à-dire les sécheresses, inondations, et les réfugiés africains), à cause du charbon des autres. Tu vois qu'il vaudrait mieux éviter que ça ne se reproduise de plus en plus !

Des défis pour toi et moi

– Pourquoi continuons-nous de polluer puisque cela détruit notre planète ?

– D'abord parce que l'essentiel des habitants en France et dans le monde occidental ne sait tout simplement pas que la situation est si grave et urgente, et croit que, le moment venu, on fera ce qu'il faut pour s'adapter ou supprimer le problème. On ne le leur a pas expliqué à l'école, et ils sont incapables d'imaginer des conséquences réellement catastrophiques, comme un « effondrement » où tous les ennuis se cumulent : guerre, maladie, faim, totalitarisme… La majorité des gens confondent – souvent de bonne foi – 5 °C de plus pour la planète et 5 °C de plus entre le matin et le soir chez eux, ils ne pensent pas à la modification de la pluie et au dépérissement possible de la végétation, ils croient toujours qu'il va y avoir quarante ans de pétrole sans problème… (alors que tu as compris qu'il va y avoir du pétrole pendant quarante ans, mais de moins en moins désormais !). C'est aussi vrai des journalistes et des élus et des divers responsables, à quelques exceptions près : des préfets aux chefs d'entreprise, des hauts fonctionnaires aux enseignants, rarissimes sont ceux qui ont suffisamment d'informations pour comprendre que nous devons accepter dès maintenant bien plus d'efforts que ce que nous acceptons aujourd'hui, et qu'il va donc falloir mettre la main au porte-monnaie et accepter des règlements contraignants si nous voulons que tu vives dans un monde en paix. Tout le monde entend de plus en plus parler du problème énergie-climat, mais peu de gens ont réellement compris à quel point il est monstrueux. Enfin, une très large partie de ceux qui pensent que le problème est important fonde beaucoup trop d'espoirs sur les nouvelles énergies renouvelables, alors que la quasi-totalité de la « solution » va être à chercher ailleurs.

Il y a aussi un problème de génération. À 50 ans ou plus, ce qui est l'âge de la quasi-totalité des décideurs ou personnes ayant de l'influence, on n'accepte pas tout d'un coup l'idée que l'on doit revoir en totalité sa représentation du monde, ce qui incite à l'inaction. D'autres, dans cette même tranche d'âge, ne peuvent s'empêcher de penser, même si ce n'est pas dit aussi cyniquement, qu'ils ne seront plus là quand les difficultés se présenteront.

Et puis même ceux qui savent ont leurs faiblesses. On s'accroche à l'idée que finalement ce n'est pas si grave, car les ennuis sont toujours pour plus tard, et surtout pour les autres. Beaucoup de gens n'ont pas non plus compris que l'environnement, c'est ce qui permet la prospérité et la paix. Ils croient que l'environnement, c'est juste des éoliennes, des ampoules à changer, et quelques phoques à sauver quand on a le temps. Ils ne comprennent pas qu'en détruisant la planète on détruit également les conditions de la stabilité et de la prospérité dès à présent de nos proches descendants, et que les générations futures, en fait c'est toi, ta classe, et toutes les classes d'enfants et d'étudiants du monde.

– *Est-ce la faute des industriels ?*

– C'est toujours la grande question quand il y a un problème : à qui la faute ? Et nous préférons tous que ce soit celle du voisin ! Mais quand un industriel vend une voiture, qui est responsable de la pollution ? L'industriel qui accepte de fabriquer la voiture, le garagiste qui accepte de la vendre, la compagnie qui accepte de l'assurer, le pétrolier qui accepte d'aller chercher le pétrole, ou le conducteur qui choisit de s'en servir ? Quand un industriel chinois ou américain utilise de l'électricité au charbon pour fabriquer un morceau d'ordinateur, qui est responsable ? L'industriel en question, le magasin qui t'a vendu l'ordinateur, toi parce que tu as choisi de l'acheter ? La responsabilité est toujours répartie entre les acteurs, et même au sein d'une entreprise, tout le monde n'a pas les mêmes envies. Certains veulent agir en grand, même si l'entreprise doit faire de moins bonnes affaires, d'autres traînent les pieds, et toi, tu vois tout cela de l'extérieur. C'est pareil avec les peuples : tous les Américains ne sont pas des « criminels du climat », et tous les Français des héros de vertu. Dire que c'est la faute de telle ou telle catégorie d'individus serait simple et commode, mais faux. Et c'est bien pour cela que l'action est rarement simple et immédiate.

– *Est-ce qu'il est trop tard pour nous rattraper ?*

– Pour une partie, malheureusement oui. Et ce qui est un peu immoral dans cette affaire, c'est que ceux qui auront été à l'origine du problème ne vont pas payer la facture. Pour ta génération – et plus encore celle de tes enfants –, il est déjà trop tard pour éviter une partie des conséquences désagréables. On ne pourra pas remonter dans le temps. Mais on peut encore éviter le pire, en tout cas je l'espère, et il faut tout faire pour. Cela implique, par exemple, d'accepter – tout de suite, pas dans dix ans ! – de ne pas forcément aller faire des études longues à la fac, mais de devenir agriculteur, maçon ou menuisier, ou encore de ne pas dire « je laisserai ma voiture dans dix ans, quand il y aura le RER devant chez moi », mais de dire tout de suite « je me lève une demi-heure plus tôt pour aller travailler », même si c'est dur. Il ne s'agit pas de dire « allez, encore un petit voyage au Maroc tant qu'il y a du pétrole », mais bien d'accepter dès maintenant d'aller plutôt dans le massif Central, même si c'est moins glamour. Et il s'agit de dire tout de suite, haut et fort, que nous acceptons une contrainte significative sur l'utilisation de l'énergie, parce que la préservation de la paix est à ce prix.

– Mais ça, en fait, c'est des choses difficiles ! Et il n'y a rien d'agréable pour moi, dans tout ça...

– Oh que si ! L'action, cela signifie que nous avons trente-cinq ans de travail pour changer et reconstruire une grande partie de ce qui nous entoure, et il va donc falloir mettre les choses en mouvement à très grande échelle. Le très bon côté, c'est que cela ouvrira des chantiers et des défis absolument considérables et passionnants pour ta génération et la mienne.

L'être humain aime les défis de temps en temps : aller sur la Lune, faire le tour de l'Antarctique ou, plus modestement... obtenir un diplôme dont on sera fier, ou se rendre digne d'être aimé par quelqu'un. Tout cela engendre parfois une motivation très puissante, même si, au début, il faut faire l'effort de sortir du canapé. Je n'invente rien, tu sais : tu verras plus tard qu'au travail il y a deux manières de motiver les gens. La première est de les payer plus, la deuxième de leur donner des projets intéressants à gérer. Et le défi qui se pose déjà à ma génération, même quand elle ne le sait pas, et qui se posera à la tienne, qui le saura de plus en plus, est d'utiliser cette terrible contrainte sur l'énergie pour reconstruire le monde en cinquante ans, ou à peu près.

– Dit comme cela, ça semble un peu plus sympathique !

– Il y aura quand même une contrepartie : c'est d'accepter dès maintenant que nous n'aurons pas toujours plus en travaillant de moins en moins, mais bien l'inverse, pour préserver la paix et un minimum de joie de vivre, et c'est probablement le plus difficile à avaler. Quoi que l'on fasse, les métiers de demain ne permettront pas d'avoir de plus en plus de mobilité, un écran télé de plus en plus grand et de plus en plus de biftecks dans son assiette, et il va falloir l'accepter et le gérer. Mais le travail ne manquera pas. Nous avons trente-cinq ans pour rebâtir les villes, commencer à supprimer les banlieues étalées qui ne correspondront plus à rien dans un monde à l'énergie rare, et donner envie à 20 millions de personnes d'aller loger ailleurs, là où il y aura du travail (quand l'énergie va se raréfier, le travail va diminuer en banlieue, et augmenter dans les villages et les cœurs de ville, qui sont plus près des ressources stratégiques ou des lieux d'échange). Après tout, peut-être que nombre des adultes de demain préféreront élever des moutons dans les Cévennes ou construire des meubles dans un village que de travailler dans un bureau ou dans un grand magasin. Cela permettra à tout le moins de disposer gratuitement de nombre de choses qui sont payantes en ville : respirer un air sain, avoir des aliments cultivés soi-même, profiter d'un décor apaisant, ou d'un minimum d'espace autour de soi pour aller faire une promenade. Il faudra encore modifier tous les bâtiments restants pour qu'on puisse continuer à avoir des températures pas trop inconfortables l'hiver. Cela concerne des millions d'emplois, dont certains n'existent pas encore. La réorganisation des villes et villages touchera aussi les commerces, les écoles, les hôpitaux, les bureaux et, bien sûr, tous ceux qui construisent ou rénovent les bâtiments. C'est certes beaucoup de changements, mais des métiers et des projets seront créés en pagaille pour peu qu'on s'en donne les moyens.

Passer de l'automobile actuelle aux transports de demain est aussi un chantier titanesque. La mobilité motorisée va coûter plus cher, c'est entendu, et il n'y a pas moyen de faire autrement. Mais il faut se dépêcher d'avoir des voitures plus petites, beaucoup moins puissantes, qui consomment beaucoup moins, quitte à mettre un peu le couteau sous la gorge des constructeurs ; il faudra retrouver le vélo et la marche, et s'organiser en conséquence. Les bus et les trains se développeront au détriment des voitures et des avions. Pour une partie des contacts, nous avons maintenant un réseau Internet qui, même s'il disparaît en partie parce qu'il faut de l'énergie pour construire, faire fonctionner et remplacer les ordinateurs, et même si ses performances diminuent, est probablement là pour un bout de temps.

En somme, il faut tout repenser, de l'industrie au projet européen, de la finance aux filières agricoles, de la fiscalité aux loisirs. Du coup, il faut aussi mieux former votre génération (et la mienne, pour ce qui nous reste à travailler) pour préparer à peu près tous les acteurs économiques et politiques à piloter cette évolution.

Nous n'avons plus beaucoup de temps : il nous reste trente ans pour tout mettre en place. Pense à cela pour ne pas te tromper d'études, car il ne faut pas se former pour exercer un métier d'hier, mais bien un métier de demain. Et puis, ma fille, tu seras armée pour croquer la vie !

Table

Dans la même série

Tahar Ben Jelloun
Le Racisme expliqué à ma fille

Régis Debray
La République expliquée à ma fille

Max Gallo
L'Amour de la France expliqué à mon fils

Sami Naïr
L'Immigration expliquée à ma fille

Jacques Duquesne
Dieu expliqué à mes petits-enfants

Lucie Aubrac
La Résistance expliquée à mes petits-enfants

Jean Ziegler
La Faim dans le monde expliquée à mon fils

Annette Wieviorka
Auschwitz expliqué à ma fille

Nicole Bacharan et Dominique Simonnet
L'Amour expliqué à nos enfants

Jacques Sémelin
La Non-Violence expliquée à mes filles

Jérôme Clément
La Culture expliquée à ma fille

Roger-Pol Droit
Les Religions expliquées à ma fille

Henri Weber
La Gauche expliquée à mes filles

Jacky Mamou
L'Humanitaire expliqué à mes enfants

Jean Clottes
La Préhistoire expliquée à mes petits-enfants

Tahar Ben Jelloun
L'Islam expliqué aux enfants (et à leur parents)

Emmanuelle Huisman-Perrin
La Mort expliquée à ma fille

Patricia Lucas et Stéphane Leroy
Le Divorce expliqué à nos enfants

Roger-Pol Droit
La Philosophie expliquée à ma fille

Antoine Prost
La Grande Guerre expliquée à mon petit-fils

Michel Vovelle
La Révolution française expliquée à ma petite-fille

Bernard Sesboüé
Le Da Vinci code expliqué à ses lecteurs

Jacques Le Goff et Jean-Louis Schlegel
Le Moyen Âge expliqué aux enfants

Jean-Christian Petitfils
Louis XIV expliqué aux enfants

Marc Ferro
Le XXe siècle expliqué à mon petit-fils

Jacques Le Goff
L'Europe expliquée aux jeunes

Denis Guedj
Les Mathématiques expliquées à mes filles

Pauline Schmitt Pantel
Dieux et Déesses de la Grèce expliqués aux enfants

Roger-Pol Droit
L'Occident expliqué à tout le monde

Clémentine Autain
Les Machos expliqués à mon frère

Rama Yade
Les Droits de l'homme
expliqués aux enfants de 7 à 77 ans

Pascal Vernus
Les Dieux égyptiens expliqués à mon fils

Alain Demurger
Chevaliers et Chevalerie expliqués à mon petit-fils

Pascal Picq
Darwin et l'Évolution expliqués à nos petits-enfants

Roger-Pol Droit
L'Éthique expliquée à tout le monde

Marc Ferro
Le Mur de Berlin
et la Chute du communisme expliqués à ma petite-fille

Marc-Alain Ouaknin
La Tora expliquée aux enfants

Jacques-Olivier Boudon
Napoléon expliqué à mes enfants

Jean-Louis Brunaux
Les Gaulois expliqués à ma fille

Bruno Dumézil
Les Barbares expliqués à mon fils

Pascal Picq
Les Origines de l'homme expliquées à nos petits-enfants

Jean-Didier Vincent
Le Sexe expliqué à ma fille

Marc Ferro
De Gaulle expliqué aujourd'hui

Hubert Reeves
L'Univers expliqué à mes petits-enfants

Marc-Alain Ouaknin
L'Alphabet expliqué aux enfants

Roland Lehoucq
Les Extraterrestres expliqués à mes enfants

Jean-Pierre Azéma
L'Occupation expliquée à mon petit-fils

Benjamin Stora
La Guerre d'Algérie expliquée à tous

Rachid Benzine
Le Coran expliqué aux jeunes

Henry Rousso
La Seconde Guerre mondiale expliquée à ma fille

Elias Sanbar
La Palestine expliquée à tout le monde

Michel Wieviorka
L'Antisémitisme expliqué aux jeunes

Jean-Marc Lévy-Leblond
La Science expliquée à mes petits-enfants

Hubert Reeves et Yves Lancelot
La Mer expliquée à nos petits-enfants

Joseph Doré
Jésus expliqué à tous

Élisabeth Roudinesco
L'Inconscient expliqué à mon petit-fils

Jean-Didier Vincent
Le Cerveau expliqué à mon petit-fils

Marc Ferro
La Colonisation expliquée à tous

Tahar Ben Jelloun
Le Terrorisme expliqué à nos enfants

Roger-Pol Droit
La Tolérance expliquée à tous

Jean-Marc Lévy-Leblond
L'Atome expliqué à mes petits-enfants

Geneviève Delaisi de Parseval
La Famille expliquée à mes petits-enfants

RÉALISATION : IGS-CP, À L'ISLE-D'ESPAGNAC
IMPRESSION : NORMANDIE ROTO IMPRESSION S.A.S. À LONRAI
DÉPÔT LÉGAL : MAI 2017. N° 136574-7 (2101698)
Imprimé en France